企业常用公文写作

——职场人的必修课

国网浙江省电力有限公司 组编

中国电力出版社
CHINA ELECTRIC POWER PRESS

内 容 提 要

企业公文是具有特定效力和规范体式的文书，公文写作已成为现代职场人的必备技能。本书从企业工作实际出发，内容涵盖公文基础知识，包括公文的概念和分类、特征和作用等，介绍了规范性公文的写作要求，包括方法、格式、常见错误，分类举例说明了决议、决定、命令（令）、公报、公告、通告、意见、通知、通报、报告、请示、批复、议案、函、纪要共15种常用公文的特点、写作格式，剖析了公文写作中的10种常见错误，便于读者研究改进。补充了领导讲话、调研文章、工作报告等难度较高的公文的写作实务技能。

本书可供各类型企业办公室工作和管理人员学习使用，尤其适合大型国企各级办公室人员阅读参考。

图书在版编目（CIP）数据

企业常用公文写作：职场人的必修课 / 国网浙江省电力有限公司组编．— 北京：中国电力出版社，2023.6（2026.1重印）

ISBN 978-7-5198-7704-0

Ⅰ．①企…　Ⅱ．①国…　Ⅲ．①企业－公文－写作　Ⅳ．① H152.3

中国国家版本馆 CIP 数据核字（2023）第 082810 号

出版发行：中国电力出版社
地　　址：北京市东城区北京站西街 19 号（邮政编码 100005）
网　　址：http：//www.cepp.sgcc.com.cn
责任编辑：穆智勇
责任校对：黄　蓓　朱丽芳
装帧设计：赵丽媛
责任印制：石　雷

印　　刷：北京天宇星印刷厂
版　　次：2023 年 6 月第一版
印　　次：2026 年 1 月北京第六次印刷
开　　本：787 毫米 ×1092 毫米　16 开本
印　　张：14
字　　数：274 千字
定　　价：68.00 元

编 委 会

前　言

企业公文是具有特定效力和规范体式的文书，是企业生产、经营和管理过程中的重要工具。公文写作水平的高低不仅体现了工作人员的个人能力，也能反映出一个企业的管理水平。随着企业对公文格式要求的日益规范严谨，对公文写作的要求也精益求精，逐渐从“不出错”的底线要求提升到“能出彩”的更高追求。如何快速高效地写出“能出彩”的公文，已成为现代职场人的必备技能，也是摆在众多公文工作者面前的一道必答题。

本书中的公文区别于以往狭义的公文概念，从企业工作实际出发，将信息、领导讲话稿、工作报告、调研文章等广义范围内的公文写作内容纳入其中，力求为读者提供更为全面、规范、细致的工作指导，切实解决读者在公文写作中的疑难和困惑。

本书涵盖公文基础知识，包括公文的概念、分类、特征、作用等，介绍了规范性公文写作要求，包括格式、方法、常见错误，分类举例说明了决议、决定、命令（令）、公报、公告、通告、意见、通知、通报、报告、请示、批复、议案、函、纪要等15种常用公文的特点、写作格式，剖析了公文写作中的10种常见错误，便于读者研究改进。补充了领导讲话稿、调研文章、工作报告等难度较高的公文的写作实务技能。此外值得一提的是，将信息单列一章，从发展历史、制度体系、写作要求等方面，对信息这一特殊公文的应知应会知识进行了专题介绍。书中精选了大量详实的范例，并辅以分析点评，为读者提供充分借鉴与参考。

本书在编写过程中得到了广大基层单位的大力支持，几易其稿，终于完成了编写工作，在此表示诚挚的谢意。由于时间和水平所限，书中恐有疏漏之处，恳请广大读者批评指正！

编者

2023年5月

目　录

第一章
公文基础知识

公文是随着文字的出现、社会生产的发展与国家（部落）的出现而逐步产生的，是人类由个体信息阶段进入社会信息阶段，出现了官方信息需求后的产物。我国古代最早的一部经典著作《尚书》就是一部公文作品集，其中《甘誓》即夏启讨伐有扈时发布的军事动员令。曹丕在《典论 · 论文》中写道："盖文章，经国之大业，不朽之盛事"。

中国的公文历史源远流长。卷帙浩繁的古代公文，是中国古代政治、经济、文化等各学科领域的忠实记录。辛亥革命、"五四运动"，深刻冲击了封建社会公文制度。新文化运动引入西方纯文学观念，文学独立为单独的学科，公文和文学彻底分家。此后，公文作为社会管理工具和信息传递工具，实用性成为其最显著的特征。新中国的公文在剔除旧公文的糟粕并取其精华的基础上建立和发展起来。

本章介绍公文的基础知识，主要包含公文的发展溯源、公文的概念和分类、公文的特征和作用。

第一节　公文的发展溯源

一、公文的萌芽

上古无文字，结绳以记事。古人在集体劳动和共同生活中，为表达思想、交流经验，逐渐产生了语言。结绳和绘画是文字发明前古人所使用的记事方法。随着社会的不断进步和发展，语言和结绳记事不能适应越来越复杂的生产和生活需要，逐渐产生了文字。文书随着文字和国家的产生而产生，随着社会活动复杂而日益丰富。

《周易·系辞》里说："上古结绳而治，后世圣人易之以书契，百官以治，万民以察，盖取诸夬（guai)。"这里的官治就是用官和书契来治理国家，而民察就是万民用书契来鉴戒。"人类有政治之组织，即有法令。有文字之法令即有公牍。"

在我国，文书的出现可以上溯到夏、商、周时代。早期的文书种类随着国家事务的日趋频繁而越来越多，文书的作用日益增强。商代后期和西周时期，人们把字铸刻在青铜器上，称金文。金文记录了夏商周、春秋战国时期的重大历史事件。如西周著名的《毛公鼎》，共 497 字，记载了周宣王诰戒和褒赏臣下的故事。春秋战国时期的文书，可以在《左传》《战国策》《史记》中见到。

公元前 221 年，秦始皇统一中国，建立了中国历史上第一个封建君主专制的中央集权国家。秦始皇下令李斯等人进行文字的整理、统一，启用了规范化的官方文书通用字体，称为小篆。在"车同轨，书同文，行同伦"的倡导下，通过国家行政力量促进文字的进化，为公文的形成和处理带来了极大便利，对公文的名称、用途、体式、行文手续都做了统一和严格的规定。

公文随着社会经济基础的变化和国家政权的更替而变革。先秦以前的公文中等级、尊卑观念体现尚不明显，秦统一六国后严格规定了皇帝颁下和大臣上呈的各种公文名称、使用范围和格式，体现了至高无上的皇权和封建政治等级。

在文字诞生 4000 多年的历史中，公文作为治理国家、管理社会的工具，传达统治阶级的意志，为各个阶段的社会统治者、管理者、领导者服务。公文是政治上层建筑的一部分，具有鲜明的政治性，国家意志和统治意志是公文改革和发展的主要动力。同时作为沟通联系的载体，记录准确的信息内容，实用性也是公文的本质属性之一。

二、公文体系的初步形成

商代出现了历史上第一个公文专职机构——太史寮，此后公文皆由专职机构负责，商称太史寮，秦称丞相府，汉称尚书省，唐称中书省。四书五经中的《尚书》，又称《书经》，是春秋时期出现的第一部公文总集，收集了虞、夏、商、周四个朝代的公文，并按体例划分为典、谟、训、诰、誓、命六种。南朝时期，出现了系统阐述公文写作理论的《文心雕龙》，这是中国现存最早的一部文章学论著，全面论述了公文写作理论，包含公文起源、发展、文种变迁及写作规律等内容。

《文心雕龙》相当于当时的“常用公文写作指南”，而秦王“车同轨，书同文，行同伦”的命令则是“公文处理工作条例”。中国古代劳动人民的重要创造，如毛笔、造纸术、雕版印刷术、活字印刷术等进一步推动了公文发展。

三、封建社会公文

封建社会公文制度的发展趋势是从简单到复杂，从灵活到僵化，由僵化而衰败。古代公文初步发展于秦汉、魏晋南北朝，快速发展于隋唐、宋元，成熟于明，僵化于清，衰败于民国初期。唐玄宗下令编修的《唐律疏议》，是东亚最早的成文法之一，是中国现存最古老、最完整的封建刑事法典，其中涵盖了文书档案管理。

唐宋时期的公文制度大多都在当今的公文制度中保留下来，甚至包括“圈阅”文件的来历。宋朝王安石（公元 1069 年被任命为参知政事）每天要处理大量公文，按照当时的规定，每篇公文阅读后都要签上阅处者的名或者字，王安石为了提高效率，就只署一个“石”字，由于字迹比较潦草，一横一撇之后口字一笔带过，划个圆圈了事。其他官员以为这个圆圈是表示“已阅”的特殊记号，纷纷效仿。久而久之，以画圆圈表示文件已阅的做法流传开来，直至今天。

元明清时期继续巩固僵化的封建公文制度和形式。这段时期文书种类日繁，随着商业经济的发展和与国外交流，出现了大量的专用文书，如会计册、丈量册等，外交文书如照会、申陈、国书、护照等。这一时期我国的公文种类进入较为完整的阶段。

八股文是明清两朝考试制度规定的文体，始于明朝永乐年间。规定每篇文章必须由破题、承题、起讲、入手、起股、中股、后股、束股八个部分组成，而后四部分是文章议论的中心，各有两股对偶文字，共八股，故名八股。其题材、内容限于四书，不许作者自由发挥，字数也有严格规定。这种风气影响了公文格式，虽有助于公文的规范化，但也有限制思维、刻板繁冗的负面影响。

由于封建统治庞大的官僚机构极其严重的官僚作风，公务中各种恶习积深，繁文缛节、舞文弄墨、八股横行等，最终导致封建公文走上了繁琐冗腐、低效无能的末路。公文对于保证信息真实、指令畅通、机构正常运转和巩固管理的作用也越来越弱。

四、近现代公文

辛亥革命以反封建为使命，临时政府成立后宣布废除了几千年来封建社会使用的制、诰、诏、旨等名称，1912 年颁布《公文程式条例》，规定国家公文为令、布告、状、咨、公函、呈、批七种，改革了公文的名称。“五四运动”倡导的思想运动和革命运动进一步冲击了封建公文制度。“五四运动”提倡科学和民主，公文的面目为之一新。

中国共产党中央机关在新民主主义革命时期为适应地下斗争需要，于 1931 年制定了关于文件档案管理的指导性文件《文件处置办法》。该办法对党的文书、档案工作有很大影响，明确了每份文件制发时留存至少一份归档。这项制度确保了大量珍贵的党史文献资料的存续，其基本思想、原则和方法至今仍有指导意义。

1951 年中央人民政府颁发《公文处理暂行办法》《加强文书工作和档案工作的决定》《关于纠正电报、报告、指示、决定等文字缺点的指示》《关于学习标点符号的指示》等 7 个文件，创立了社会主义公文的基本原则，对肃清文牍主义、官僚主义起了很大作用。

1977 年开始，党和国家多次重申文书处理的工作制度和方法，并多次修改公文处理办法。1981 年 2 月发布《国家行政机关公文处理暂行办法》，1987 年 2 月发布《国家行政机关公文处理办法》，并在 1993 年 11 月、2000 年 8 月发布修订版。1996 年 7 月中办发布《中国共产党机关公文处理条例》。特别是 1988 年国家技术监督局发布了《国家行政机关公文格式》，对机关公文通用的纸张尺寸、规格、书写形式和公文各组成部分的排列顺序、区域划分、字体字号等作出了统一规定。

2012 年 4 月 16 日，中共中央办公厅、国务院办公厅印发《党政机关公文处理工作条例》（中办发〔2012〕14 号）。作为配套文件，2012 年 6 月 29 日，国家质量监督检验检疫总局、国家标准化管理委员会颁布了国家标准《党政机关公文格式》（GB/T 9704—2012）。这两个文件都是自 2012 年 7 月 1 日正式施行。从此之后，统一了党和行政公文的管理要求。《党政机关公文处理工作条例》的颁布实施，是我国当代公文法规建设进程中一次具有划时代意义的重大变革，实现了历史性的突破和跨越，是我党我国公文处理历史上一个新的里程碑。

五、新时代的新文风

学风文风是党的作风的重要组成部分，反映着党的作风的好坏，关系党的形象，关系事业成败。毛泽东同志指出：“学风和文风也都是党的作风，都是党风。”习近平总书记高度重视弘扬马克思主义文风，指出：“文风不是小事。”“人们从文风状况中可以判断党的作风，评价党的形象，进而观察党的宗旨的贯彻落实情况。”

党的十八大以来，习近平总书记在多次讲话中都提出纠正不良文风、倡导优良文风的问题。2012 年 12 月 4 日，中共中央政治局会议审议通过了关于改进工作作风、密切联系群众的八项规定。其中，中央对文风的要求颇为醒目：“要精简文件简报，切实改进文风，没有实质内容、可发可不发的文件、简报一律不发。”反对“长、空、假”，倡导“短、实、新”的文风，是习近平总书记对改进文风的总要求。

“删繁就简三秋树”，党内文风要力求一个“短”字。短就是要言简意赅、直截了当，观点鲜明、重点突出。习近平总书记多次引用郑板桥“删繁就简三秋树，领异标新二月花”的对联，提出写文章“能够三言两语说清楚的事绝不拖泥带水，能够用短小篇幅阐明的道理绝不绕弯子”。发扬“短”的文风，就是要求说清楚、讲明白即可，绝不没完没了、拖泥带水。

“伪欺不可长，空虚不可久”，党内文风要力求一个“实”字。“实”就是要实事求是，不讲虚话、假话、套话、空话，不夸大成绩，不掩饰问题，或能解决问题，或能启迪心智，或能助推实践。无论是领导讲话稿还是单位工作汇报，都必须要实实在在，讲开门见山的直白话，不绕弯子、不故作高深，杜绝脱离实际、内容空洞的文章和“应景”文章。

“预支五百年新意，到了千年又觉陈”，党内文风要力求一个“新”字。“新”就是要思想深刻、富有新意，简洁平实、通俗明白。一些同志写文章、做总结的时候，总是热衷于照搬以往的经验、翻找前人的“模板”，语言陈旧、思想僵化，其本质就是缺乏创新精神。要把文件语言和学术概念转换成易读易懂的群众语言，善于捕捉富有个性、特色鲜明的话语，力求思想深刻、贵有独立创见。

在党的十八大以来重要讲话和文章中，习近平总书记总是善于用朴实无华的群众语言解疑释惑、析事明理。例如，他用“鞋子合不合脚，自己穿了才知道”来说明一个国家发展道路的选择；用“国家好，民族好，大家才会好”这样平实的话，来阐明每个人的前途命运与国家、民族的前途命运紧密相连，等等。

新时代要有新气象，新形势需要新文风。每个人都要按照习近平总书记的要求，身体力行优良作风文风，大力纠正不良作风文风，努力提高公文写作的质量和水平，写出短小精悍、言之有物、充满生气的文稿。

第二节　公文的概念和分类

公文即公文文书，也作“牒牍”，出自汉朝荀悦所著的《汉纪》。公文是人类社会发展到比较高级阶段的文化产物和治世工具，是党和国家机关治国理政、社会团体和企事业单位经营管理过程中用以表达意志、发布号令、传递交流重要信息的最主要载体和工具。《辞海》对公文的定义是：“国家机关、公共组织在履行法定职责中形成的具有规范体式的文书。”《党政机关公文处理工作条例》第三条规定：党政机关公文是党政机关实施领导、履行职能、处理公务的具有特定效力和规范体式的文书，是传达贯彻党和国家的方针政策，公布法规和规章，指导、布置和商洽工作，请示和答复问题，报告、通报和交流情况等的重要工具。

公文有广义和狭义之分。

狭义的公文，是指《党政机关公文处理工作条例》所规定的公文，主要包括决议、决定、命令（令）、公报、公告、通告、意见、通知、通报、报告、请示、批复、议案、函、纪要 15 种。这些公文也被称为法定公文或规范性公文。

广义的公文，除上述法定公文外，还包括党和国家机关、社会团体和企事业单位常用的应用文，大至总结、计划，小至条据、便函，种类繁杂、素无定目。一般来说，主要包括：事务性公文（计划、总结、调研报告等）、讲话类公文（开幕词、闭幕词、会议报告等）、规约类公文（章程、条例、规定等）三种。此外，广义的公文还有专有公文，如外交公文、法规公文、司法公文、经济公文、公共公文、军事公文等众多种类。总之，凡是在工作中产生的文字内容，基本都属于广义公文的范畴。

广义的公文，除了上述事务性公文、讲话类公文、规约类公文之外，还可以按其他分类标准分为不同的类别。

一、按公文来源分类

按照公文的来源，可以分为发文和收文。

（一）发文

发文是指本单位制发的公文。发文有两种情形：一是发给上级机关、下级机关、不相隶属的机关的发文，称为外发公文或外发文；二是发至本单位内部机构的发文，称为内发公文或内发文。

（二）收文

收文是指本单位收到的来自本单位以外的公文。收文有两种情形：一是上级机关、不相隶属的机关发来的公文，一般有命令、决定、通知、批复、函等；二是下级机关呈报的公文，一般有请示、报告等。

二、按公文行文方向分类

规范性公文按照公文的行文方向，分为上行文、下行文、平行文。

（一）上行文

上行文是指发文机关向所属上级机关和上级业务主管部门报送的公文，如请示、报告。上行文有两种情形：一是本单位报送给上级机关或更上一级机关的公文；二是本单位报送给上级机关相关内设机构的公文。

（二）下行文

下行文是指发文机关对所属下级机关制发的公文，有决议、决定、命令（令）、公报、公告、通告、通知、通报、批复、意见、纪要等。下行文有两种情形：一是本单位或本单位内设机构对下级机关的行文；二是本单位内设机构对下级机关内设机构的行文。

（三）平行文

平行文是指发文机关内设机构之间或与不相隶属机关之间相互发送的公文，如函。不相隶属机关是指在领导关系上没有领导与被领导的关系，在业务关系上没有指导与被指导的关系。平行文有两种情形：一是本单位内设机构之间相互发送的公文；二是与本单位不相隶属机关之间相互发送的公文。

三、按公文送达和办理的时限要求分类

按照公文送达和办理时限要求，可以分为一般公文和紧急公文。

（一）一般公文

一般公文是指可以按正常速度及流程形成、运转和处理的公文。

（二）紧急公文

紧急公文是指对送达时限和办理时限有严格要求的公文。紧急公文又分为两类：一类是特急公文，指内容特别重要而且特别紧急，要求在最短的时间内以最快的速度形成和处理的公文，如抗台应急响应、会议变更等；第二类是加急公文，指内容重要且紧急，要求迅速形成和处理或必须在规定的时间内办理完毕的公文。

四、按公文涉密程度分类

从公文的内容是否涉及党和国家的秘密、工作秘密、企业的秘密，按涉及秘密的程度，划分公文类型。划分时除按照《中华人民共和国保守国家秘密法》规定的密级，还要结合企业实际工作情况。以某央企为例，公文按涉密程度分为涉国家秘密公文、涉工作秘密公文、涉企业秘密公文和普通公文。

（一）涉国家秘密公文

涉国家秘密公文是指涉及国家秘密的公文，一旦泄露会使国家安全和利益遭受损害。涉国家秘密公文分为三类：一类是绝密级公文，是指涉及国家核心秘密内容的文件，一旦泄露会使国家的安全和利益遭受特别严重的损害；第二类是机密级公文，即指涉及党和国家重要秘密内容的公文，一旦泄露会使国家的安全和利益遭受较大的损害；第三类是秘密级公文，即指涉及党和国家一般秘密内容的公文，一旦泄露会使国家的安全和利益遭受一定的损害。

国家秘密的密级和保密期限标注为“密级★保密期限”，例如“秘密★10 年”。此外，也有无保密期限的公文，该类公文不需要标注“★”和保密期限，直接标注密级即可，例如“机密”。

（二）涉工作秘密公文

涉工作秘密公文是指涉及工作秘密的公文，泄露后会妨碍机关正常履行职能或者对国家安全、公共利益造成不利影响的内部敏感事项。工作秘密按照国家现行有关规定不分等级。工作秘密标注为“内部”“内部事项 注意保管”等。

（三）涉企业秘密公文

涉企业秘密的公文是指涉及企业安全和利益的公文，仅限在一定时间内、一定范围内人员知悉。关于涉企业秘密的公文，各大企业目前都没有统一的规定，一般都需根据企业内部情况来确定。在此，仍以某央企关于涉企业秘密的相关规定为例。涉企业秘密公文分为两类：一类是商业秘密，又分为核心商密和普通商密，商业秘密的密级和保密期限标注为“密级 · 保密期限”，例如“核心商密 · 3 年”；第二类是内部事项，又分为重要事项和普通事项，内部事项标注为“重要事项”或“重要”，“普通事项”或“普通”。

（四）普通公文

普通公文是指除上述三种情况以外的，可以公开发布的公文。

五、按公文内容、性质和作用分类

按照公文内容、性质和作用，可以分为决策指挥类公文、指导类公文、规约类公文、晓谕类公文、报请类公文、商洽纪要类公文、日常事务类公文。

（一）决策指挥类公文

决策指挥类公文是指上级机关或上级业务主管部门制发的用以领导和指导工作的公文，通常有决议、决定、命令等，如《××省人民政府关于表彰第七届“××慈善奖”的决定》。

（二）指导类公文

指导类公文是指上级机关或上级业务主管部门制发的用以指导下级机关或业务部门工作的公文，通常有批复、意见、通知等，如《××省人民政府办公厅关于进一步加强防震减灾工作的实施意见》。

（三）规约类公文

规约类公文是指各级机关、社会团体和企事业单位制发的行政法规及组织规章，如条例、规定、办法、章程、细则、规则等，如《信访工作条例》《××电网有限公司采购业务实施细则》等。

（四）晓谕类公文

晓谕类公文是指各级机关、社会团体和企事业单位向有关机关、单位通报情况、沟通信息、公布事项、联系工作时使用的公文，如公报、公告、通告、通报等，如《××省统计公报》《关于征集全省劳模工匠志愿服务月活动公益服务需求的公告》《××省物价局关于公布浙江省定价目录的通告》。

（五）报请类公文

报请类公文是指下级机关向上级机关或上级业务主管部门汇报工作、请求指示或批准时使用的文种，或者是由各级人民政府按照法律程序向同级人民代表大会或人民代表大会常务委员会提请审议事项时所采用的文种，主要有请示、报告、议案等，如《××公司关于核准××项目的请示》《××公司关于做好迎峰度夏电力保供稳价工作的报告》《国务院关于提请审议兴建长江三峡工程的议案》。

（六）商洽纪要类公文

商洽纪要类公文是指各级机关用于记载会议主要情况和决定事项，或指不相隶属机关之间商洽工作、咨询和答复问题、请求批准和答复审批事项时使用的文种，主要有会议纪要、函等，如《××公司2022年第十七次本部工作例会纪要》《××省应急管理厅关于征求〈重特大事故应急处置工作指引〉（征求意见稿）意见的函》。

（七）日常事务类公文

日常事务类公文是指各级机关单位在日常事务管理工作和业务活动中形成的各种公文，如计划、总结、简报、讲话稿、会议记录等。

六、按发文机关性质分类

按照发文机关的性质分类，可以分为党内公文、行政公文、群团公文等。

（一）党内公文

党内公文是指中国共产党从中央到地方各级党组织制发的公文，如《中共××公司委员会关于开展2022年“理论学习周”活动的通知》。

（二）行政公文

行政公文是指各级机关的行政部门制发的公文，如《××公司关于表彰2021—2022年度青年岗位能手的通知》。

（三）群团公文

群团公文是指各级各类群众团体组织制发的公文，包括工会、团委、妇联、工商联、残联、科协等制发的公文，如《××省电力学会关于报送农村电力服务数智化转型赋能数字乡村发展调查研究课题成果的报告》。

七、按公文载体分类

按照公文的载体不同，可以分为纸质公文和电子公文。

（一）纸质公文

纸质公文是指以纸质为载体的公文，是现今公文的主要形态。

（二）电子公文

电子公文是指借助于电子计算机生成、传递和处理的公文，是今后公文经常使用的形态。

第三节 公文的特征和作用

公文是党和国家各级机关、企事业单位、人民团体或其他法定的社会组织实施领导、履行职能、处理公务的具有特定效力和规范体式的文书，有着区别于其他私人文书的基本特征，并与国家政治生活和经济社会发展有直接的联系，肩负着记录与传递政治、经济、社会等信息的基本使命，一经发布就具有权威性和法定性，是实现国家管理法制化、科学化的重要基础和保障。

一、公文的特征

（一）鲜明的政策性

公文是各级党政机关施行领导与管理，推进国家治理、党的建设等工作的重要工具，要传达贯彻党和国家路线、方针、政策、法规和规章等重要内容，体现的是党和国家机关的政治意向、指挥意志和行动意图，某些公文甚至可以直接代表党和国家的政治立场和原则。因此，公文不可能脱离政治生活而存在，不能偏离党和国家的政策轨道，必然具有鲜明的政策性。另外，党和国家制发和使用的公文，其所维护的是党和国家机关以及所代表的人民群众的利益，在政治目标、基本原则和主要任务等根本问题上，制发者和执行者丝毫不能偏离，必须不折不扣地贯彻执行。

（二）法定的权威性

公文的法定权威性来自于两方面：一方面，公文的法定作者是依据法律法规成立并能以自己的名义行使职权、承担义务的国家机构和其他社会组织（以下统称机关）；另一方面，公文在法定的时间与空间范围内能对收文机关的行为产生强制性影响，强制阅读与办理，强制贯彻执行。

公文的法定权威性具体体现在以下四个方面：

（1）公文制发的权威性。公文的法定作者必须在法定的职权范围内根据公务处理的需要，以机关或其代表人的名义按法定程序制发，而其他人无权制发。因为制发机关的职权范围不同，公文所具有的权威性与管理范围有明显差别，如国务院的公文，在全国范围内发挥行政管理效用，而地方各级人民政府的公文只对所辖地区发挥行政管理效用。

（2）公文执行的权威性。公文传达了制发机关的决策和意图，体现出制发机关的意志与权力，而国家的宪法、法律、法规等赋予公文的制发机关运用公文行使职能的权力，规定了公文的性质与功能，并以法律的强制力给予保护，从而使公文在法定的时空范围内，对收文机关产生约束力，具有法定的权威性。

（3）公文效力的权威性。公文上载有可作凭证取信生效的标志（印章或签署），以证明法定作者的职能地位并赋予公文以法定的效力，具有其他文献、著作等无法替代的凭证功能。同时，公文印证了法定作者的合法身份及其决策和意图，记录了各项管理活动的性质、状态与过程，保留了公文拟稿、审核、签发以及运转处理的各种原始痕迹，是党政机关管理活动的真实记录。公文在实现现行执行效用之后，能够转化为档案，作为历史的凭证供后人查考。

（4）公文保护的权威性。公文的使用受到法律的保护，《刑法》第二百八十条规定：伪造、变造、买卖或者盗窃、抢夺、毁灭国家机关的公文、证件、印章的，处三年以下有期徒刑、拘役、管制或者剥夺政治权利，并处罚金；情节严重的，处三年以上十年以下有期徒刑，并处罚金。

（三）体式的规范性

公文体式是指公文的体例与格式。公文体式的规范性是由其政治性和权威性所决定的。《党政机关公文处理工作条例》对公文种类、公文格式、行文规则、拟制、办理、管理等做了原则性规定，《党政机关公文格式》对公文的用纸、版面、字体和字号、公文格式各要素编排等做了明确、具体的规定，要求公文制发严格遵循规范的格式撰写，不能标新立异。公文的语言要求准确、简洁、严谨，不允许模棱两可，更不准游移圆滑。

（四）程序的严肃性

公文办理有严格的程序，《党政机关公文处理工作条例》对之有明确规定，公文政治性和权威性决定公文的撰拟是非常严肃的。体现在四个方面：

（1）公文的撰写是由领导委派或指定的，不是什么人都能参与的。

（2）撰写者要按照领导的授意，根据党的路线、方针、政策，结合实际情况，针对需要解决的实际问题来草拟。

（3）公文起草好后要征求有关方面的意见，进行反复修改。

（4）公文定稿后，要根据发文的内容、目的、印发范围，按照审批程序和权限，呈送有关领导审核、签发。从公文的拟稿到正式形成公文，一般要经过起草、审核、签发等程序，并履行严格的审批手续。

（五）严格的时效性

公文是公务活动中解决实际问题的手段之一，这决定了公文应快写快发快处理，以提高办事效率。其时效性具体体现在两个方面：

（1）公文有着现实效用，在公务活动中起到指导、约束、联系、沟通的作用。一旦公文失去这种现实效用，被整理归档，即变成了档案。有些公文是为解决特定的现实问题而制发的，现实工作完成了，该公文的使命也随之完成。

（2）公文的效用有一定的时间性，每一份公文，到了一定的时限，都要被废或失去效用，没有永恒发生效用的公文。在这一点上，与其他文体不同。如一部文学名著，从它产生起，便为人们服务，并且还有可能作为人类的宝贵文化财富保存。而历史上的公文，它们只在当时一个时期内起作用，随着那个时期的结束，其效用也就成了过去的事实，它们的参考价值，只能作为历史档案。

二、公文的作用

公文具有权威性和法定性，是实现国家管理法制化、科学化的重要基础和保障。公文具有以下作用。

（一）领导指导作用

公文是上级机关对下级机关进行领导和指导的重要工具。上级机关通过制发公文，把党和国家的方针、政策，以策令形态的实体形式传递给它的下层组织，责成下级机关严格按照所发公文的要求，采取一些切实有效的措施予以贯彻落实。需要注意的是，上级机关制发的公文不一定都具有策令的性质，一些公文只是对本行业、本系统的业务工作提出原则性的指导意见，要求下级机关结合本地区、本部门的实际情况，提出解决问题的意见、办法，去创造性加以贯彻执行。

（二）规范行为作用

公文作为管理国家和社会事务的重要工具，其本身所具有的规范性和法定性赋予了它很强的规范和约束作用。各级党政机关的各种法规、规章、政令、条例、决定等公文一经正式发布，便成为一定范围内人们的行动准则或行为规范，在它的有效时间和范围内，无论各级各类社会组织还是个体成员都必须依照执行，不得违反。它使国家各项管理活动有法可依，有规可循，从而逐步实现法制化、规范化。

（三）联系交流作用

党和国家各级机关、企事业单位、人民团体或其他法定的社会组织，都必须通过制发公文联系和商洽工作，介绍和交流经验，传递和反馈信息。如上级机关向下级机关传达策令、布置工作，需要用决议、决定、命令、通知等公文；下级机关向上级机关汇报工作、请求批准和指示，需要用报告、请示等公文；平级或是不相隶属单位间商洽工作、交流信息、询问和答复问题，需要用函等公文。通过公文实现各种横向的、纵向的联系和交流，才能够协调各个机关、各种人员，使各项管理活动分工合作、密切配合、步调一致，各项工作正常有序开展。

（四）凭证依据作用

公文作为处理公务的专门文书，真实反映了发文机关的意图，具有法定的效力，是收发机关作出决策、处理问题、开展一系列工作的依据和凭证。下行文是下级机关组织开展工作的依据和凭证，如通知、决定等；上行文是上级机关制定决策、指导工作的依据和凭证，如请示、报告等；平行文是平级单位彼此之间交流情况、商洽协调工作的依据和凭证，如函等。公文立卷归档后，还具有文献的作用，是今后查考工作、研究历史的重要凭证。

（五）宣传教育作用

各级党政机关在实施领导、处理公务中需要有效的宣传舆论支持，而公文的贯彻执行是宣传舆论的核心。公文的宣教作用，体现在公文文本中就是要提出工作方针、任务和措施，讲解工作意义，提高人们的认识，使人们不但知道要做什么，怎样去做，而且知道为什么要这样做，从而减少盲目性，增强自觉性。一些公文，如表彰性或批评性的通告，就是为了达到宣传教育的目的而制发的，其宣传教育作用则更为突出。

第二章
公文写作要求

公文是国家机关、企事业单位工作意图上传下达的重要工具，公文写作是进入职场的一项基本功。要发挥好公文的工具作用，就必须把握公文写作的基本要求。本章将详细阐述公文写作的基本方法、基本格式与常见错误，帮助读者学会“公文怎么写”，了解“格式如何调”，注意“哪里会出错”，真正成为公文写作的行家里手。

第一节　公文写作基本方法

公文写作在长期实践中，逐渐形成了一种规范、稳定、系统的基本方法，从公文文种的精挑细选到思路结构的谋篇布局，再到最后的修改定稿，都有特定的步骤、规则与写作技巧。本节将通过简单易懂的语言，介绍公文写作的主要步骤与关键技巧，帮助读者更快入门，提升公文写作的基本功。

一、公文写作主要步骤

公文写作的主要步骤可归纳为“五定法”，即定文种、定思路、定层次、定表述、定文稿。

（一）明确用途定文种

与其他文章相比，公文具有特定效力和规范体式，不同文种各有清晰的适用范围、行文规则，因此根据公文用途选择合适的文种是公文写作的第一步。公文用途由行文目的、发文职权、收发文机关关系等要素综合决定，同时明确每个文种的特点和作用，以此匹配对应用途与文种。在选择文种的过程中，要做到：①文种选择不生造、不滥用、不错用；②保障文种选择的唯一性；③严格遵守所选文种的行文规则。

（二）把握意图定思路

公文写作的第一要务是“以文辅政”，第一原则是“因人因时因势”，其主要意图包括上传下达、部署工作、协助决策、解决问题等方面，因此公文写作的总体思路应遵循以下三方面要求。

（1）要具备“政治性”。必须完整准确全面领会上级和领导的意图，抓住中心思想、提炼公文主题，从工作大局出发，高屋建瓴、掌控全局，弄清公文要提出、回答或解决什么问题，力求站位高、落点实。

（2）要具备“准确性”。围绕主题内容提炼立场鲜明的观点，明确“支持什么、反对什么”，指出“该做什么、不能做什么”，特别在建议中要写明“建议谁”“做什么”“做到什么样”“解决什么问题”，确保说清楚、可实施，切忌模棱两可、含糊其辞。

（3）要具备“融合性”。公文写作要旁征博引、融会贯通，将上级和领导的思想意图同与之相关的文件、材料结合起来，进行分析、综合、概括，努力做到更准确、更深刻、更全面。

（三）谋篇布局定层次

一篇好公文，能够把规律性和根本性的东西揭示出来，把主题思想表达到位、把主要问题反映到位、把工作思路梳理到位，关键在于谋篇布局，要在文章层次上下功夫。

1. 要把握好“认识”的层次

公文应当符合阅读者的认知规律和思维规律，由先到后、由少到多、由浅入深、由易到难、由外到内、由主到次、由全局到局部等，同时在论述过程中坚持思想统一、观点一致。

2. 要把握好“内容”的层次

公文表述的内容有事情、事物、事理等，公文表达的空间结构、时间顺序、内在逻辑都应与其实际相符。

3. 要把握好“结构”的层次

结构是公文的“四梁八柱”，只有秩序井然，才能支撑有力。常见的结构包括递进、并列、总分、因果等。

（1）递进结构。这是运用递进思维、层层加深的一种文章结构，多在命令、决定、决议、请示、报告等文种中采用。既可由浅入深，通过一些表面现象，由表及里剖析内在的事理、逻辑，有助于深刻认识事物本质属性，使文章有一定深度；也可深入浅出，将复杂的事物、理论，通过简化、分析等方式通俗表达，让“外行人”看得懂，具备更高可读性。具体操作应注意：文章结构一般有三个层次，各层次间应环环扣紧，有直接的必然的联系和表示递进关系的关联语句。

（2）并列结构。这是从横向逻辑联系入手的一种文章结构，多在条例、规定、办法、细则、计划等文种中采用。这类结构灵活性较强，通过分析将按事物属性、组成等归类，从不同维度进行说明，如成绩总结中的“三个好”、工作部署中的“五个全力”等。具体操作应注意：各维度既有联系但内容又不能交叉重复，内容间表现为平等的并列关系，切忌颗粒大小不一。

（3）总分结构。这是先总体概括、后具体分述的一种文章结构，多在命令、决定、通知、通报等文种中采用。既要综合概括，即把事物的各个部分联合起来，从整体上加以考察叙述；又要具体分析，把事物化整为零，分成若干部分加以讨论。具体操作应注意：学会分类与归类，在总述里应简明扼要地说明目的、根据或主旨，然后再分条列项提出工作要求、部署工作任务。

（4）因果结构。这是运用探因和寻果的思维方法形成的文章结构。既可由因及果，先分析原因，再推导出结果、结局、影响或发展态势；也可由果溯因，先摆出结果或现状，再探究原因、条件或根据。具体操作应注意：①要全面地分析原因，抓住主要原因、兼顾次要原因，注重内因、外因分析，防止片面性和绝对化；②要深刻地分析原因，坚持“打破砂锅问到底”，努力揭示出最深层的、最根本的的原因，杜绝浅尝辄止；③要发展地分析结果，结果的分析不应止于现状，要推导出发展趋势和可能造成的后果，为领导决策提供更有前瞻性的参考。

文章讲究谋定而动，在确定文章的层次后，就要根据提纲从头到尾一气呵成写下来，防止文章看上去是“拼”出来而非“写”出来的。

（四）精炼得体定表述

公文的语言表述，必须符合公文的性质、适用范围与行文目的以及发文机关的职权地位。

（1）要庄重严肃。用语应端庄持重、格调严肃，维护公文的权威性与有效性，表明严正立场与严肃态度。

（2）要客观真实。要准确客观地反映工作，做到表述合意、辞意相符，语言表述上既要符合语法规范，也要注重表意分寸，突出针对性。

（3）要简明准确。少讲大话、套话、空话，忌用过多的华丽辞藻，一针见血抓主要矛盾和矛盾的主要方面，用三言两语把深刻的问题说清楚，做到言简意赅、准确达意。

（4）要用语得体。每一类公文文种有各自的行文对象和作用，词语的选用和语气的使用应有所不同。如上行文应用语尊重、恭而不卑，突出请示性；下行文应用语郑重、威而不凶，强调指令性；平行文应创造出相互协商与合作的良好氛围，注重协商性。

（五）精益求精定文稿

好文章都是改出来的，必须具有不厌其烦、耐心细致的作风，舍得下苦功、做细活，努力做到精益求精。公文呈送领导审阅之前，拟稿者至少应进行以下“四改”。

（1）标题斟酌改。标题是公文的灵魂，需根据公文内容再考虑再斟酌，看标题是否与文章主题、观点、内容等匹配，是否表达准确、立意深刻、鲜明突出。

（2）结构研究改。结构是公文的骨架，主要看文章结构整体是否协调、层次是否分明、前后是否衔接、过渡是否自然。

（3）语句推敲改。语句是公文的血肉，大到长句、小到标点都不能放过，要仔细推敲语句的逻辑性、词语的准确性、标点的正确性，任何问题都要严肃对待、认真修改。

（4）信息检查改。信息是支撑文章的关键，包含案例、数据等素材，应确保真实、典型、新鲜、生动，检查是否能有效支撑观点。

公文修改应综合用好“增、删、移”三字诀。“增”即增添补充，针对内容空洞、材料单薄、支撑不足的地方，要再查找素材进行丰富，使得文章有血有肉。“删”即删繁就简，针对内容庞杂、语言啰嗦、逻辑链条冗余的内容，要注重抓关键、抓要害、抓重点，将与主题关联性不强的内容简化或直接删去。“移”即移花接木，针对逻辑不清、前后衔接不顺的内容，在不调整整体结构的情况下，可尽量采用移动词序、句序、段序，确保内容合理、逻辑清晰。

二、公文写作关键技巧

（一）公文写作的入门关：学习与模仿

在很多公文写作的教材书籍中，都强调应从“照葫芦画瓢”“照猫画虎”等开始，即学习模仿。通过学习和模仿，可以解决“形似”和“神似”的问题，主要涉及两类素材。

（1）同类型文件。相同类型的公文，都有着相对固定的套路和逻辑，可根据需起草公文的文种、格式等要素，查找以往发布过的同类型公文，通过学习它的文章结构、语言风格，解决“形似”的问题。

（2）同主题文件。同主题文件的范围比较广，主要包括各级领导讲话、新闻通稿、上级文件、会议报告等。同类主题在一定时期内都有着相对固定的内容、标准、要求，通过领会其核心要义，可解决“神似”的问题。

（二）公文写作的成长关：归纳与分解

“从多到少”的归纳提炼和“从少到多”的分解详述是公文写作的基本功，两者相互依存、相辅相成。归纳，就是要能够提炼文字的中心思想和主要内容，常用的方法包括：①段落综合法，即先提炼每一段文字表达的内容，再通过保留主要段落、去掉次要段落的方式，提炼文字的主旨，主要用于归纳标题或文章主题；②属性合并法，即通过事物间的相同属性对工作进行梳理汇总，如在安全生产中，将学习、培训等归为一类，将体系、机制归为一类，将监督、处罚归为一类，主要用于文章结构的划分；③要素概括法，即对文字中的时间、地点、人物、事件等基本要素加以概括，主要用于文章概要的提炼；④关键词句法，即针对文字中出现的高频词、小标题等重点词句进行归纳，主要用于文章主题的概括。分解，就是要能够剖析主题，从不同维度对主题的内涵、工作等进行详述，常用分解方法与并列、总分等结构的排布类似，此处不再赘述。

（三）公文写作的提升关：思想与观点

公文的思想与观点是统领全文的核心要义，提出思想和观点应在具备一定归纳基础上进行，主要应符合以下三项原则：

（1）把握好“上下一致”的原则。文章的思想观点首先应同中央、上级已发布的方针、政策、决定、规定等保持一致，其次应与领导的意图保持一致，最后还要与收发文机关的实际保持一致。因此应弄懂弄通党的路线方针政策，深入了解基层的实际情况，全方位掌握信息，确保思想观点准确。

（2）把握好“鲜明独到”的原则。观点是否鲜明、见解是否独到，是决定一篇公文思想性的关键所在。不同文种的用途不同、要求不同、风格不同，思想观点很难用统一的标准来衡量，但不能照搬照抄和简单重复上级讲过的东西、以前用过的内容、大家明白的道理，而应做到“因人、因时、因势”阐明。

（3）把握好“全文统一”的原则。公文的思想和观点应贯穿于文章始末，具体要做到文章的同级标题组合起来能支撑上级标题，各段内容能支撑对应标题，通过层层传导实现思想的连贯统一，避免自相矛盾、互相抵触。

第二节　公文写作基本格式

《党政机关公文处理工作条例》第三章第九条明确，公文一般由份号、密级和保密期限、紧急程度、发文机关标志、发文字号、签发人、标题、主送机关、正文、附件说明、发文机关署名、成文日期、印章、附注、附件、抄送机关、印发机关和印发日期、页码等组成。《党政机关公文格式》规定了党政机关公文通用的纸张要求、排版和印刷装订要求、公文格式各要素的编排规则等。公文制发者须严格遵守。

按照公文幅面尺寸要求，用纸为 A4 型纸，纸张幅面尺寸为 210mm × 297mm。按照公文版面布局要求，公文用纸订口（左白边）为 28mm ± 1mm，公文用纸天头（上白边）37mm ± 1mm，版心尺寸为 156mm × 225mm。根据 A4 纸张大小，一般右白边为 26mm，下白边为 35mm。A4 型公文用纸页边及版心尺寸如图 2-1 所示。

公文各要素编排在纸张版面的固定位置，版心内包含了除页码以外的其他公文格式要素，并且按先后顺序划分为版头、主体、版记三部分。页码编排在公文版心下边缘之下。公文各要素字体和字号，如无特殊说明，一般用 3 号仿宋体字。下面分别介绍。

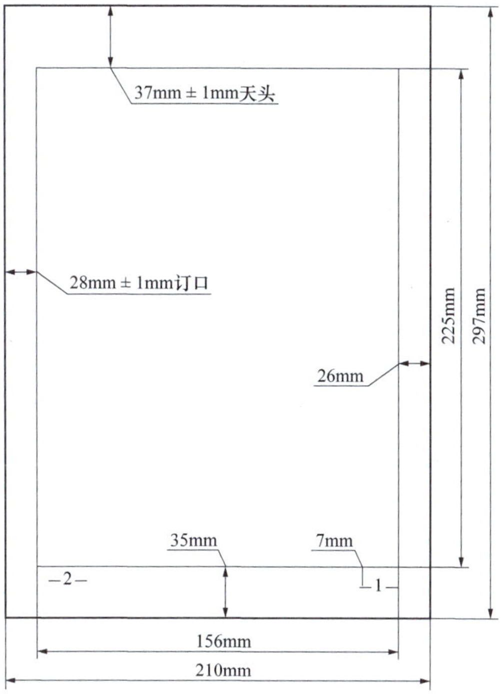

注：版心实线框仅为示意，在印刷公文时并不印出。

图 2-1 A4 型公文用纸页边及版心尺寸

一、版头部分

公文首页红色分隔线以上的部分为版头，如图 2-2 所示，包括份号、密级和保密期限、紧急程度、发文机关标志、发文字号、签发人等 6 个要素，红色分隔线距离发文字号下沿 4mm、居中、与版心等宽。

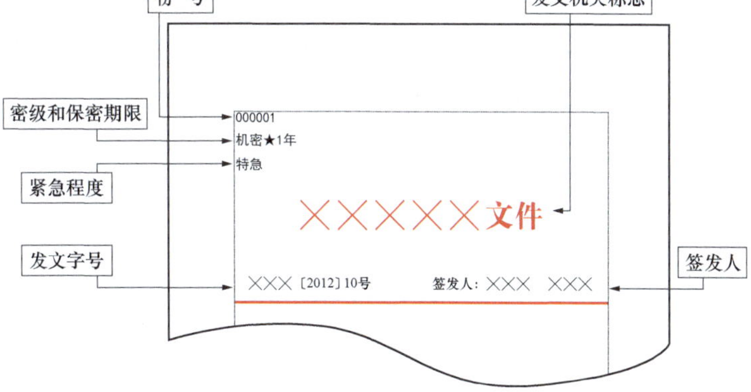

图 2-2 版头示意图

（一）份号

公文印制份数的顺序号。涉及国家秘密公文应当标注份号。如需标注份号，一般用 6 位 3 号阿拉伯数字，顶格编排在版心左上角第一行。

（二）密级和保密期限

公文的秘密等级和保密的期限。涉及国家秘密、工作秘密、企业秘密的公文，应根据涉密程度分别标注密级（绝密、机密、秘密或内部、核心商密、普通商密等）和保密期限。

如需标注密级和保密期限，一般用 3 号黑体字，顶格编排在版心左上角第二行；保密期限中的数字用阿拉伯数字标注。

（三）紧急程度

公文送达和办理的时限要求。根据紧急程度，紧急公文应当分别标注“特急”“加急”，电报应当分别标注“特提”“特急”“加急”“平急”。

如需标注紧急程度，一般用 3 号黑体字，顶格编排在版心左上角；如需同时标注份号、密级和保密期限、紧急程度，按照份号、密级和保密期限、紧急程度的顺序自上而下分行排列。

（四）发文机关标志

发文机关标志由发文机关全称或者规范化简称加“文件”二字组成，也可以使用发文机关全称或者规范化简称。联合行文时，发文机关标志可以并用联合发文机关名称，也可以单独用主办机关名称。

发文机关标志居中排布，上边缘至版心上边缘为 35mm，推荐使用小标宋体字，颜色为红色，以醒目、美观、庄重为原则。联合行文时，如需同时标注联署发文机关名称，一般应当将主办机关名称排列在前；如有“文件”二字，应当置于发文机关名称右侧，以联署发文机关名称为准上下居中排布。

（五）发文字号

发文字号由发文机关代字、年份、发文顺序号组成。联合行文时，使用主办机关的发文字号。编排在发文机关标志下空二行位置，居中排布。年份、发文顺序号用阿拉伯数字标注；年份应标全称，用六角括号“〔 〕”括入；发文顺序号不加“第”字，不编虚位（即 1 不编为 01），在阿拉伯数字后加“号”字。上行文的发文字号居左空一字编排，与最后一个签发人姓名处在同一行。

（六）签发人

上行文应当标注签发人姓名。由“签发人”三字加全角冒号和签发人姓名组成，居右空一字，编排在发文机关标志下空二行位置。“签发人”三字用 3 号仿宋体字，签发人姓名用 3 号楷体字。

如有多个签发人，签发人姓名按照发文机关的排列顺序从左到右、自上而下依次均匀编排，一般每行排两个姓名，回行时与上一行第一个签发人姓名对齐。

二、主体部分

公文首页红色分隔线以下、末页首条分隔线以上的部分为主体，如图 2-3 所示，包括标题、主送机关、正文、附件说明、发文机关署名、成文日期、印章、附注、附件等 9 个要素。

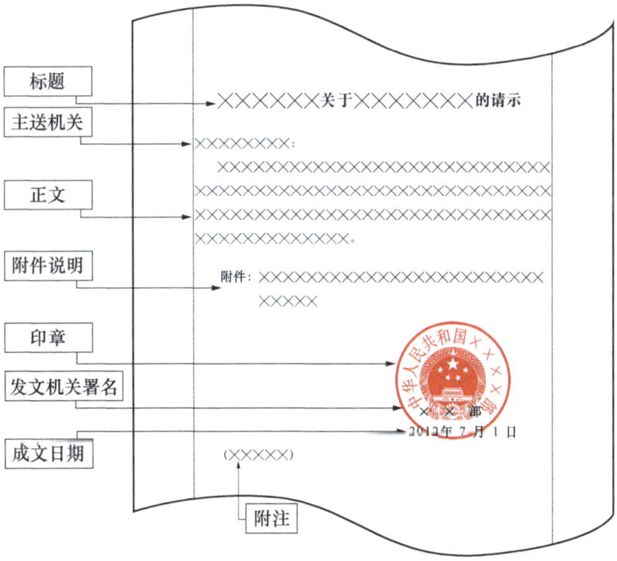

图 2-3　主体示意图

（一）标题

由发文单位名称（全称或规范化简称）、事由和文种组成。一般用 2 号小标宋体字，编排于红色分隔线下空二行位置，分一行或多行居中排布；回行时，要做到词意完整，排列对称，长短适宜，间距恰当，标题排列应当使用梯形或菱形。标题过长导致行数过多，使得公文首页无法显示正文时，可将标题行上移，与版头红色分割线之间只空一行或不空行。

（二）主送机关

公文的主要受理机关，应当使用机关全称、规范化简称或者同类型机关统称。编排于标题下空一行位置，居左顶格，回行时仍顶格，最后一个机关名称后标全角冒号。如主送机关名称过多导致公文首页不能显示正文时，应当将主送机关名称移至版记。

上行文原则上只能有一个主送单位。平（下）行文可以同时主送多个主送单位，如主送单位有规定排序，依照规定排序编排；如主送单位无规定排序，则按照涉事重要程度进行排序。各个主送单位名称间，同一类型（体系、层级等）的用顿号分隔，不同类型（体系、层级等）的用逗号分隔。

（三）正文

公文的主体用来表述公文的内容。公文首页必须显示正文。一般用3号仿宋体字，编排于主送机关名称下一行，每个自然段左空二字，回行顶格。文中结构层次序数依次可以用"一、""（一）""1.""（1）"标注；一般第一层用黑体字、第二层用楷体字、第三层和第四层用仿宋体字标注。当公文结构层次只有两层时，第二层序号可使用"（一）"或"1."。

（四）附件说明

公文附件的顺序号和名称。如有附件，在正文下空一行左空二字编排"附件"二字，后标全角冒号和附件名称；如有多个附件，使用阿拉伯数字标注附件顺序号（如"附件：1. ×××××"），仅有一个附件则不标顺序号；附件名称后不加标点符号；附件名称较长需回行时，应当与上一行附件名称的首字对齐。如附件为正式公文，应标注公文标题及公文的发文字号（公文字号用圆括号括入），但公文标题不加书名号。如公文的附件不与正文一同发送，"附件名称"后应用圆括号标注"（另送）"或"（另发）"。

（五）发文机关署名、成文日期和印章

发文机关署名应署发文机关全称或者规范化简称。成文日期应署会议通过或者发文机关负责人签发的日期。联合行文时，署最后签发机关负责人签发的日期。公文中有发文机关署名的，应当加盖发文机关印章，并与署名机关相符。有特定发文机关标志的普发性公文和电报可以不加盖印章。

发文机关署名、成文日期、印章这三个要素联系紧密，编排位置相互影响，构成了公文的生效标志。公文的发文单位标志、标题中发文单位名称、发文单位署名及所用印章必须相符。

加盖印章的公文：成文日期一般右空四字编排，印章用红色，不得出现空白印章。单一机关行文时，一般在成文日期之上、以成文日期为准居中编排发文机关署名，印章端正、居中下压发文机关署名和成文日期，使发文机关署名和成文日期居印章中心偏下位置，印章顶端应当上距正文（或附件说明）一行之内。联合行文时，一般将各发文机关署名按照发文机关顺序整齐排列在相应位置，并将印章一一对应、端正、居中下压发文机关署名，最后一个印章端正、居中下压发文机关署名和成文日期，印章之间排列整齐、互不相交或相切（每排最多 3 个印章），每排印章两端不得超出版心，首排印章顶端应当上距正文（或附件说明）一行之内。

不加盖印章的公文：单一机关行文时，在正文（或附件说明）下空一行右空二字编排发文机关署名，在发文机关署名下一行编排成文日期，首字比发文机关署名首字右移二字，如成文日期长于发文机关署名，应当使成文日期右空二字编排，并相应增加发文机关署名右空字数。联合行文时，应当先编排主办机关署名，其余发文机关署名依次向下编排。

加盖签发人签名章的公文：单一机关制发的公文加盖签发人签名章时，在正文（或附件说明）下空二行右空四字加盖签发人签名章，签名章左空二字标注签发人职务，以签名章为准上下居中排布。在签发人签名章下空一行右空四字编排成文日期。联合行文时，应当先编排主办机关签发人职务、签名章，其余机关签发人职务、签名章依次向下编排，与主办机关签发人职务、签名章上下对齐；每行只编排一个机关的签发人职务、签名章；签发人职务应当标注全称。签名章一般用红色。

成文日期中的数字：用阿拉伯数字将年、月、日标全，年份应标全称，月、日不编虚位（即 1 不编为 01）。

特殊情况说明：当公文排版后所剩空白处不能容下印章或签发人签名章、成文日期时，可以采取调整行距、字距的措施解决。

（六）附注

公文印发传达范围等需要说明的事项。上行文应注明联系人及联系方式；下行文应注明公文的印发传达范围。如有附注，居左空二字加圆括号编排在成文日期下一行。

附注应尽量与发文单位署名、成文日期及印章标注于同一页。无法标注于同一页时，应通过调整正文行间距、字间距等加以解决。

（七）附件

公文正文的说明、补充或者参考资料。

附件应当另页编排，并在版记之前，与公文正文一起装订。“附件”二字及附件顺序号用 3 号黑体字顶格编排在版心左上角第一行。附件标题居中编排在版心第三行。附件顺序号和附件标题应当与附件说明的表述一致。附件格式要求同正文。如附件与正文不能一起装订，应当在附件左上角第一行顶格编排公文的发文字号并在其后标注“附件”二字及附件顺序号。

批转、转发、印发类公文附后内容不按附件处理。无需写“附件说明”。且被印发内容的首页左上角不标注“附件”二字。

三、版记部分

公文末页首条分隔线以下、末条分隔线以上的部分为版记，如图 2-4 所示，包括抄送机关、印发机关和印发日期。如无抄送机关，公文末页只有两条分隔线，否则有三条分隔线，首条分隔线位于版记中第一个要素之上，末条分隔线与公文最后一面的版心下边缘重合，分隔线与版心等宽。

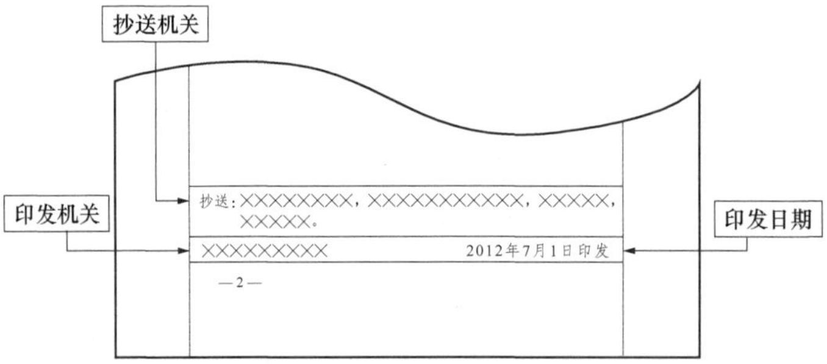

图 2-4　版记示意图

（一）抄送机关

除主送机关外需要执行或者知晓公文内容的其他机关，应当使用机关全称、规范化简称或者同类型机关统称。

如有抄送机关，一般用 4 号仿宋体字，在印发机关和印发日期之上一行、左右各空一字编排。“抄送”二字后加全角冒号和抄送机关名称，回行时与冒号后的首字对齐，最后一个抄送机关名称后标句号。如需把主送机关移至版记，除将“抄送”二字改为“主送”外，编排方法同抄送机关。既有主送机关又有抄送机关时，应当将主送机关置于抄送机关之上一行，之间不加分隔线。

（二）印发机关和印发日期

公文的送印机关和送印日期。印发机关和印发日期一般用 4 号仿宋体字，编排在末条分隔线之上，印发机关左空一字，印发日期右空一字，用阿拉伯数字将年、月、日标全，年份应标全称，月、日不编虚位（即1不编为01），后加“印发”二字。版记中如有其他要素，应当将其与印发机关和印发日期用一条细分隔线隔开。

四、页码

公文页数顺序号。一般用4号半角阿拉伯数字，数字左右各放一条一字线；一字线上距版心下边缘7mm。单页码居右空一字，双页码居左空一字。公文的版记页前有空白页的，空白页和版记页均不编排页码。版记页有正文的，编排页码。公文的附件与正文一起装订时，页码应当连续编排。

信函、命令（令）、纪要3个文种有特定的格式，使用时可查阅《党政机关公文格式》。

第三节 公文写作常见错误

公文写作是一种重要能力。公文写作的基本要求是“不出错、能出彩”。“不出错”是底线要求，“能出彩”是最高追求。公文如人，公文写作如同做人。不可能每个人都成为伟人，但是起码可以要求自己不做一个坏人。公文亦是如此，作为职场中人，公文写作能力是必备素质，不一定要文采飞扬、妙笔生花，但至少能写一篇结构完整、语言通畅的文章。

很多刚入职场的人都想寻找写作秘籍，但是写就一篇优秀公文是没有捷径、也不可能速成的。本节总结了公文写作的10种常见错误，如果在公文写作中能够避免这些错误，则可以实现公文写作的“不出错”。

常见错误1：违反国家法规政策

公文是党政机关、企事业单位实施领导、履行职能、处理公务的具有特定效力和规范体式的文书，担负着贯彻落实上级精神、安排部署工作、沟通交流等重要任务。作为一种体现管理职能的文书，公文具有权威性、严肃性，其本身更应具有合法性和合规性。因此，公文写作者要具有法治思维，公文写作不能违反国家法规政策，否则就是一篇无效公文。

例如：××县人民政府为了支持地方企业发展，为企业做担保人，向中国工商银行××县支行行文《××县人民政府关于为××××公司担保的函》，请求银行为该企业贷款。这就是一篇典型的违法公文。因为《中华人民共和国担保法》第八条规定："国家机关不得为保证人，但经国务院批准为使用外国政府或者国际经济组织贷款进行转贷的除外。"

常见错误 2：缺乏正确的价值观和导向

导向就是指向、方向，导向正确与否是事关根本的问题。发展要有正确导向，用人要有正确导向，写文章也要有正确导向。公文必须有正确的价值观和政治导向，否则容易令读者产生心灵上的抵触，往往会造成负面影响。

例如：2015年1月2日，某市中心一仓库突发大火。1月3日4时25分，市公安局官方微博通报了火灾的基本情况，遭到网友质疑和抨击。因为一个本应传递权威信息的官方通报，被市公安局官方微博的编辑改编成了领导介绍稿，一篇585字通稿，竟然有多达258字的"领导高度重视"，而对3名牺牲的消防队员连姓名都不曾提及，只有寥寥不足20字的篇幅描绘消防官兵的救火行为。

常见错误 3：不符合行文规则

《党政机关公文处理工作条例》第四章专门规定了行文规则。在社会组织中，各机关、单位都有一定的职权范围，也有各自的具体工作，但不同的机关、单位又各处于相同或不同的组织系统之中，于是构成了上下、左右的工作关系，这种工作关系就构成了各机关、单位之间的行文规则。

1. 同时主送多个上级单位

【错误案例】某单位组织举办了一次全省性的大型活动，活动很成功，社会反响很好。为了展示成绩，让省领导知晓活动整体情况，该单位向省委省政府呈送了一份报告：

××省×××厅关于×××活动情况的报告

省委、省政府：

在省委、省政府的高度重视和大力支持下，2022年9月1日至9月15日，我厅组织举办了×××活动，活动取得圆满成功，现将主要情况报告如下：

……（略）

【问题分析】向上级单位行文，原则上只主送一个上级单位。如果同时主送多个上级单位，就失去了针对性，会给工作造成不便。案例中该单位将省委、省政府同时作为主送单位呈送“报告”的做法是错误的。

2. 以个人名义向单位行文或者以单位名义向个人行文

【错误案例】

×××厅关于2022年上半年工作情况的报告

尊敬的×××书记：

在您的大力支持下，我厅2022年上半年工作取得了显著成绩，现将主要情况报告如下：

…………。特此报告。

×××厅

2022年7月10日

【问题分析】除上级单位负责人直接交办的重要事项外，不得以本单位名义向上级单位负责人报送公文。因为直接将公文呈送上级单位负责人，就越过了收文办理中的签收、登记、初审、承办、传阅等环节，会对公文的办理造成混乱。本案例中以单位的名义向上级单位负责人行文的做法是错误的。

3. 同时请示多个事项

【错误案例】

×××局关于举办农业产业博览会的请示

市政府：

为搭建事业发展平台，拟于2022年8月10日至15日组织举办“××市农业产业博览会”，现将有关事项请示如下：

请市财政给予100万元的经费支持；

请市政府召集相关市直单位召开产业博览会筹备会议；

请市领导出席8月10日上午9：00在市体育馆举行的开幕式，讲话并观看展览。特此请示。

××市×××局

2022年8月2日

【问题分析】“请示”应当一文一事，即在一份“请示”里面只能有一个请示事项。因为“请示”呈送到上级单位以后，上级单位在办理“请示”的过程中，不同的请示事项会由不同的部门来承办，而且不同请示事项的办理时间节点也不一样。如果把多个不同的事项放在一份“请示”里面报送，就会给“请示”的办理造成诸多不便，影响工作效率，所以一份“请示”里面只能有一个请示事项。

4. 报告中夹带请示事项

【错误案例】

××× 局关于农业产业博览会举办情况的报告

市政府：

在市政府的大力支持下，2022 年 8 月 10 至 15 日，我局组织举办的“×× 市农业产业博览会”取得圆满成功，现将具体情况报告如下：

一、博览会的基本情况

……

二、博览会的主要成果

……

三、博览会的社会影响

……

四、在举办博览会中获得的经验启示

……

此次农业产业博览会，×× 市产业研究交流中心等 3 家单位，王 ×× 等 5 位同志，在筹备和举办期间做了大量卓有成效的工作，为博览会的成功举办做出了重要贡献，恳请市政府对他们给予适当表彰和奖励。

特此报告。

×× 市 ××× 局

2022 年 8 月 20 日

【问题分析】“报告”是阅知性文种，上级单位可以不予答复。“请示”是请求性文种，上级单位必须答复。案例选择的文种是“报告”，正文前面主要是报告情况，后面突然将“恳请市政府对他们给予适当表彰和奖励”这一请示事项写了进去，报告夹带了请示事项，这种写法是错误的。

5. 内设处室向外行文

【错误案例】

关于召开全市文化产业工作会议的通知

各县、区文化局：

为分析当前我市文化产业发展形势，研究推动文化产业发展对策，定于9月20日至22日召开全市文化产业工作会议，现将有关事项通知如下：

……

××市文化局产业科

2022年9月13日

【问题分析】《党政机关公文处理工作条例》规定，部门内设机构除办公厅（室）外不得对外正式行文。市文化局产业科属于文化局的内设机构，不能对外制发公文。

6. 越级行文

【错误案例】

省文化馆关于办展经费的请示

省财政厅：

为了展示我省文化发展成果，我馆拟于2022年10月举办一次展览，……恳请贵厅给予30万元经费支持。

专此请示。

××省文化馆

2022年9月13日

【问题分析】为什么不得越级行文？因为越级行文不符合一级管一级、一级负责一级这个原则。省文化馆是省文化厅的二级单位，省财政厅与省文化厅是平级单位，省文化馆越过直接上级单位省文化厅向省财政厅行文属于越级行文，这种做法是错误的。特殊情况需要越级行文的，应当同时抄送被越过的机关。

7. 同级单位在行文上变成上下级关系

【错误案例】省××厅自认为是弱势部门，向省财政厅申请经费时，为了表示尊重对方，用“请示”行文，如《省××厅关于调整2022年部门预算的请示》。省发展改革委自认为是强势部门，

向省 ×× 厅交流工作时，用“通知”行文，如《省发展改革委关于报送 2022 年省级规划项目的通知》。

【问题分析】“请示”是下级单位向上级单位行文时使用的文种，“通知”是上级单位向下级单位行文时使用的文种。省 ×× 厅、省财政厅、省发展改革委均属于省政府组成部门，是同级单位，它们之间用“请示”“通知”行文的做法是错误的。

常见错误 4：文种使用错误

1. 缺少文种

规范的公文标题应当包含发文机关、事由、文种三个要素。实践中，一些公文起草人往往只注重事由，把公文标题写成了新闻标题，如“今年我省超额完成蓝天保卫战确定目标”。这样的标题作为一则消息是可以的，作为公文则是不正确的。因为收文单位很难迅速判断你的行文目的是什么，是请示问题还是提出建议、报告工作。

2. 使用非法定文种

实践中，一些单位不是使用《党政机关公文处理工作条例》规定的 15 个文种，而是用总结、要点、方案、计划、安排、纲要、规划、建议、答复、汇报等作为文种。如“关于 2022 年工作要点”，这样的标题在起草过程中或非正式行文时可以使用，一旦作为公文印发，就要规范起来，应改为“××× 单位关于印发 2022 年工作要点的通知”。

3. 文种重叠使用

一些单位在拟制公文时会出现请示报告、意见报告、请示函、批复函等文种重叠的情况，又如转发类公文，因为转发环节较多，会出现“通知的通知的通知”，这些都是错误用法。如图 2-5 所示《市发展改革委关于转发省发展改革委关于转发国家发展改革委办公厅关于对真抓实干成效明显地方加大中央预算内投资激励支持力度的通知的通知的通知》，正确的做法只能保留一个“通知”。不过，文种重叠也有例外情况，“通知”可以和其他文种混合使用。如“×× 印发《关于深化本市科技发展工作的意见》的通知”就是正确的。

某某市发展和改革委员会文件

市发改〔2021〕41号

市发展改革委关于转发省发展改革委关于转发
国家发展改革委办公厅关于对真抓实干成效
明显地方加大中央预算内投资激励
支持力度的通知的通知的通知

图 2-5　文种重叠使用的错误案例

4. 文种混用

请示与报告、决定与决议、公告与通告、请示与函等都是容易混淆使用的文种，下面给出几组易混淆文种的辨析方法。

（1）请示与报告的差别

1）行文时间不同。请示必在事前，报告可以事前，可以事中，也可以事后。

2）行文范围不同。请示必须“一文一事”，报告既可以“一文一事”，又可以“一文多事”。

3）行文目的不同。请示的目的是请求上级机关对某事宜给予批准或明确答复某个问题；报告的目的是向领导部门汇报工作、反映情况、提出建议，不需要批准答复。

4）上级机关处理方式不同。请示属于办件，上级机关必须批复；报告属于阅件，上级机关不需要批复，只需要阅知即可。

（2）决定与决议的差别

1）拟制程序不同。决定既可以由法定的会议讨论通过后公布，也可以由领导机关直接形成后公布；而决议只能由法定的会议讨论，并按照少数服从多数的原则表决通过形成文件后，以会议的名义公布。

2）文件约束力不同。决定有的要求下级执行，有的则只起知照作用，并不要求执行；而决议则要求下级必须执行。

3）适用范围不同。决议适用于会议讨论通过的重大决策事项，决定适用于对重要事项做出决策和部署、奖惩有关单位和人员、变更或者撤销下级机关不适当的决定事项。

4）行文风格不同。决定在写法上着重提出要求和措施，而不注重理论上的阐述，写得具体、明确；而决议一般要对有关问题做理论上的阐述。

（3）公告与通告的差别

1）内容重要程度不同。公告是用来发布重要事项和法定事项的，涉及内容多是党和国家的大事，或者履行法律规定必须遵循的程序；通告用来发布的事项相对来说没有公告重大。

2）发布权限不同。公告的制发机关都是层次级别较高的；通告的制发机关则没有严格的层级限制，各级党政机关都可以发布。

3）发布事项不同。公告所发布的事项是国内外人士普遍关注、有必要让海外人士了解的重大事项和法定事项；通告所发布的事项则属于有关职能部门对负有管理责任的社会某一方面工作做出规定和安排的一般业务事项。

4）发布范围不同。公告所宣布的事项是让国内外人士了解，因此必须面向国内外发布；通告范围比较窄，限于一定范围内，内容也多指向特定范围。

（4）通告、通报和通知的区别（见表 2–1）

表 2–1　　通告、通报、通知的区别

文　种	所告知的对象不同	制发的时间不同	目的不同	作用不同
通告	通告所告知的对象是全部组织和群众，它所宣布的规定条文具有政策性、法规性和某种权威性，要求人们遵照执行，一般都要张贴或通过电台、电视台等新闻媒体大力宣传	通告制发于事前，有预先发出消息的意义	通告公布在一定范围内必须遵守的事项，有着较强的、直接的和具体的约束力	通告不用于奖惩有关单位或人员
通报	通报是上级机关把工作情况或带有指导性的经验教训通报下级单位或部门，无论哪种通报，受文单位只能是制发机关的所属单位或部门	通报制发于事后，往往是对已发生的事情进行分析、评价，通报有关单位，从中吸取经验教训	通报主要是通过典型事例或重要情况的传达，向全体下属进行宣传教育或沟通信息，以指导、推动今后的工作，没有工作的具体部署与安排	通报可以用于奖惩有关单位或人员

续表

文　种	所告知的对象不同	制发的时间不同	目的不同	作用不同
通知	通知一般只通过某种公文交流渠道，传达至有关部门、单位或人员，它所告知的对象是有限的	通知制发于事前，有预先发出消息的意义	通知主要是通过具体事项的安排，要求下级机关在工作中照此执行或办理	通知不用于奖惩有关单位或人员

（5）请示与函的差别

1）类型不同。“请示”是上行文；“函”是平行文。

2）主送机关不同。“请示”的主送机关是具有领导、指导关系的上级；“函”的主送机关是平行或不相隶属的职能单位。

3）内容范围不同。“请示”是请求批准、指示；“函”是请求批准某项职能事项。

4）办复方式不同。“请示”的事项由上级机关以“批复”文种答复下级机关；“函”的有关批准事项由受文单位复函（审批函）。

常见错误 5：标题拟写错误

俗话说，看文先看题。标题，是党政机关公文主体部分的重要组成要素之一，是公文内容和种类的高度概括。公文标题居于公文格式最显眼的位置，它不仅起到揭示公文主旨的作用，更能够让阅文者全面、准确地理解和把握公文的实质和核心，也有利于公文的办理和处理。然而，实际工作中，公文标题要素残缺不全、不遵循语言规范、事由表述不清、文种选用不准、文字冗长不美、标点添加随意等失范现象比比皆是，不一而足，严重影响到了办文效率、阅读效果。

1. 要素不全

拟制公文标题要遵守标题构成要素的基本原则。《党政机关公文处理工作条例》规定：“标题。由发文机关名称、事由和文种组成。”这就是通常说的公文标题的“三要素”。一般来说，一个规范、完整的公文标题，三要素缺一不可，不能随意省略。如某县民政局向县政府行文请示划拨资金的标题写为《关于划拨 2009 年城乡最低生活保障补助金的请示》，标题中缺失了发文机关名称。

2. 语法不正

拟制公文标题要遵循语言组织的基本规范。语法即语言使用的规则，只有遵循一定的规则，才能避免出现语法错误。从公文标题三要素可知，公文标题的语言结构是以公文文种名称为中心词，以发文机关名称和事由为定语的偏正词组。其中，介词

“关于”对事由中的中心词语起关涉、介绍、提示、隔离的作用，它和事由部分的词语组成介词结构后，就改变了事由部分词语原有的语法性质。因此，拟制公文标题时，一般情况下不能省掉事由前的介词“关于”，如《××县人民政府关于××同志任职的通知》这个标题，倘若删掉“关于”，就变成《××县人民政府××同志任职的通知》，意思完全改变了。

3. 事由不明

拟制公文标题要简明扼要提炼事由。公文缘事而为文。“事”是任何一份公文的中心要素，即公文标题里的事由。这个要素必须使阅文者一看便知公文的主旨和基本精神。这就要求撰文者在提炼事由时务必简明扼要、准确表达。如果事由做不到简明扼要，就会出现问题。如《关于暂停客运车、公交车、出租车、网约车、旅游车、营运船舶及渡船营运工作的紧急通知》，这份通知是××县交通运输局发布的，标题中一口气列出了7种营运交通工具，实无必要，可以修改为《××县交通运输局关于暂停一切营运交通工具的紧急通知》，用“一切”这个词语，不仅包括了原标题所列之项，还涵盖其未列之项，堵住了可能存在的政策漏洞，同时也使得语气坚定，不容置疑。

4. 文种不准

拟制公文标题要正确选用文种。文种，即公文种类，《党政机关公文处理工作条例》规定了15个公文文种，每个文种都有自己的使用权限和适用范围，不能随性、随意选用文种。要切实把握每个文种的内涵和外延，从本级机关的职能权限、与行文对象的行文关系、行文的目的和功能等方面认真思考与选择，确保文种使用正确。

5. 形式不美

拟制公文标题要重视格式美观。标题的形式美要从字体字号和排列布局两方面着眼，《党政机关公文格式》对此做了明文规定：“7.3.1 标题　一般用2号小标宋体字，编排于红色分隔线下空二行位置，分一行或多行居中排布；回行时，要做到词意完整，排列对称，长短适宜，间距恰当，标题排列应当使用梯形或菱形。”

6. 标点不对

拟制公文标题要审慎使用标点符号。《党政机关公文处理工作条例》对此没有限制性规定，说明标题中可以使用标点符号。公文标题多由发文机关、事由和文种组成，一般不用标点符号，但如果出现法律、法规、规章名称和正式出版物时，要加书名号。常见的错误用法有两种：①该用却没用书名号，如“××关于印发××管理制度的通知”，制度属于规章，应改为“××关于印发《××管理制度》的通知”；②不该用却用了书名号，如“××关于印发《2021年度工作要点》的通知”，要点不属于法规、规章的范畴，应改为“××关于印发2021年度工作要点的通知”。

常见错误6：逻辑结构错误

结构一词原是建筑学上的一个术语，指的是建筑物的内部构造、整体布局。后来借用到写作中，用以表现一篇文章布局的艺术。因此，所谓结构，就是文章内部的组织构造。如果说主旨是文章的灵魂，材料是文章的血肉，那么结构就是文章的骨骼。占有了材料，确立了主旨，仅仅只解决了文章的思想内容问题，还不足以成其为“文章”。材料，解决“言之有物”的问题；主题，解决“言之有理”的问题；而结构，解决的是“言之有序”的问题。

【错误案例】某高校年度工作总结，包括四部分内容，分别是：

一、校园基本建设稳步推进

二、学科建设取得突破性进展

三、科研工作稳中有升

四、学生工作成绩喜人

【问题分析】文章的结构，一般按照“先重要，后次要；先主业，后辅业；先特色，后通用；先主观，后客观；先虚，后实”的顺序排列。某高校年度工作总结如果按以下顺序排列更妥：

一、学生工作成绩喜人

二、科研工作稳中有升

三、学科建设取得突破性进展

四、校园基本建设稳步推进

常见错误7：语法错误（病句）

1. 并列成分的结构没有保持一致

【错误案例】这个团的战士今年多次参加救灾、扶贫、共建精神文明、和谐社会创建等活动。

【问题分析】这个句子中“参加”后并列的“救灾”“扶贫”“共建精神文明”都是动宾结构的，唯独后面的“和谐社会创建”是主谓结构的，宜将其改为“创建和谐社会”，以便跟前面几项并列的成分在结构上保持一致。

2. 两个联合关系的词语没有按照事理顺序排列

【错误案例】支持主任、副主任和其他同志的工作，增进和维护新成立的秘书处的团结。

【问题分析】句子中两个联合关系的动词宜按照事理顺序排列，而不宜颠倒过来。例如“保持和发扬”“巩固并提高”“继承和发展”。因此句子中的“增进和维护”宜写成“维护和增进”。

3. 不丢失介词“与”

【错误案例】这些人员享有基层一线工作人员同等的保护条件和福利补助。

【问题分析】这句话宜在“享有”后加介词“与”，构成“与基层一线工作人员”这一完整的介词结构。

4. 不因句子长而丢掉宾语

【错误案例】打击网络恐怖主义和网络犯罪以及通过信息网络传播恐怖主义、分裂主义、极端主义思想。

【问题分析】这句话宜在“极端主义思想”后面添上宾语“行为”（或“行径”等）。

5. 错误使用“……以上”“……以下”

【错误案例】请科级及以上干部参加会议。

【问题分析】该句子应该删除“及”字，因为“……以上”“……以下”一般包含本数，“科级以上干部”就包括了科级干部。如果为了使表达更加明确，可以加括号说明，例如“科级以上干部”“科级以下干部”可以说成“科级以上干部（含科级）”“科级以下干部（含科级）”。

6. 误用“及其”

【错误案例】这些设备的生产、经营、使用、检验、检测及其监督管理……

【问题分析】“及其”中的“其”指“及其”之前紧挨着“及其”的词语所指的人或事物，因此该句中“及其”的用法是不妥的，可改为“以及”。“及其”的意思是“和他（他们）的”或者“和它（它们）的”，例如：职工及其家属。

以上简单罗列了几种常见的病句。汉字是中国文化的根，是中华文明之母，思想的力量是通过语言文字展现出来的。从一定意义上来说，写作就是对文字语句的指挥和调配。好文章是写出来的，更是改出来的，检查自然必不可少，但主要不在于检查的次数，而在于是否做了认真、细致的检查。所谓认真、细致的检查，即包括逐字逐句检查，严格杜绝语法错误和病句出现。

常见错误 8：词语错误（错别字）

古人说，“一字之失，一句为之蹉跎；一句之误，通篇为之梗塞”。一份文稿，不论其思想是否正确，一旦出现错别字，效果就会大打折扣。如果错别字出现在机关公文中，危害尤甚，轻则影响部门和单位的形象，重则妨碍政策的贯彻落实和工作的有序推进。错别字虽然千奇百怪，但主要可以概括为五种类型：①文字功底差，“写”出来的错别字；②粗心大意，“蒙”出来的错别字；③电脑输入有误，“敲”出来的错别字；④忙中出错，“赶”出来的错别字；⑤引用不当，“抄”出来的错别字。

文章的缜密程度从根本上取决于逻辑思维的严密程度，从形式上取决于文字的准确程度。用词越准确，逻辑才越严谨。错别字是混进文章中的“不法分子”，对待错别字的态度影响着错别字再次出现的概率。错别字之所以屡禁不绝，一个重要原因是写作者的态度。很多事情没有干好，并不是不明道理，也不是招法不对，而是缺乏实干、患得患失、不动脑筋、马虎大意。消灭文稿中的错别字，归根到底要靠“认真”。重要文稿，应该进行朗读式检查，或请他人帮忙检查。

2013 年 5 月，习近平总书记在同各界优秀青年代表座谈时说，“我到农村插队后，给自己定了一个座右铭，先从修身开始。一物不知，深以为耻，便求知若渴。上山放羊，我揣着书，把羊圈在山坡上，就开始看书。锄地到田头，开始休息一会儿时，我就拿出新华字典记一个字的多种含义，一点一滴积累。”滴水何以穿石，贵在精准聚焦，也贵在持之以恒。同做很多工作一样，消灭文稿中的错别字，有方法可循，但无捷径可走，要舍得花笨功夫，因为只有舍得花笨功夫，才会长硬本事。

常见错误 9：标点使用不规范

1. 结构层次序数后标点符号使用错误

《党政机关公文格式》规定：“文中结构层次序数依次可以用‘一、’‘（一）’‘1.’‘（1）’标注。”也就是说，第一层“一”后面要用顿号“、”，第三层“1”后面要用小圆点“.”，第二层“（一）”和第四层“（1）”后面不用标点符号。常见的错误用法有“（一）、”“1、”“（1）、”等。

2. 逗号与句号的误用

【错误案例】为进一步加强干部队伍建设，提高干部的素质能力。××厅决定举办干部能力提升班。

【问题分析】“为进一步加强干部队伍建设，提高干部的素质能力。”并不是一个完整的句子，而是句首状语，因此句号应改为逗号。需要注意的是，句号的使用并不取决于句子的长短，而要看句子是否结束。

3. 正文结束语后标点符号使用不规范

【错误案例】“妥否？请批示！”“特此公告”“特此通知”等。

【问题分析】结束语是正文的组成部分，是全文的结束语，应使用标点符号。根据实际需要，结束语可以使用逗号或句号，公文一般不使用感情色彩比较强烈的问号或感叹号。因此第一个例子应改为“妥否，请批示。”后面两个例子的结束语均应加上句号。

4. 标有引号、书名号的并列成分之间不宜用顿号

【错误案例】必须坚持“老虎”、“苍蝇”一起打。

【问题分析】“老虎”和“苍蝇”之间的顿号宜删除。读者从并列词语所加的引号、书名号已经看清楚词语之间的并列关系，再加顿号就显得多余。GB/T15834—2011《标点符号用法》规定：“标有引号的并列成分之间、标有书名号的并列成分之间通常不用顿号。若有其他成分插在并列的引号之间或并列的书名号之间（如引语或书名号之后还有括注），宜用顿号。”如果宜加顿号和不宜加顿号的情况同时出现，为保持局部体例一致，均加顿号为妥。例如：办公室订了《人民日报》（海外版）、《光明日报》、《北京日报》。

5. 在标示数值和起止年限时使用连接号不规范

陈某某大学本科四年（2018-2022年），毕业后成功就业。（错误）

陈某某大学本科四年（2018—2022年），毕业后成功就业。（正确）

《北京－上海铁路沿线图》是折叠便携地图。（错误）

《北京一上海铁路沿线图》是折叠便携地图。（正确）

要加快工程进度，确保科技园 3-5 年内建成。（错误）

要加快工程进度，确保科技园 3 ～ 5 年内建成。（正确）

全市塔类站址 5000 余座，铁塔高度 10-60 米不等。（错误）

全市塔类站址 5000 余座，铁塔高度 10 ～ 60 米不等。（正确）

【问题分析】标示时间、地域的起止一般用一字线（占一个字符位置），标示数值范围起止一般用浪纹线。

6. 间隔号使用错误

“315”消费者权益日（错误）

“3 · 15”消费者权益日（正确）

“一二九”运动（错误）

“一二 · 九”运动（正确）

“九 · 一八”事变（错误）

“九一八”事变（正确）

【问题分析】以月、日为标志的事件或节日，用汉字数字表示时，只在一、十一和十二月后用间隔号；当直接用阿拉伯数字表示时，月、日之间均用间隔号（半角字符）。

7. 句内括号和句外括号使用不规范

【错误案例】新冠肺炎（新型冠状病毒肺炎，COVID-19。）是一种急性感染性肺炎。

【正确案例】新冠肺炎（新型冠状病毒肺炎，COVID-19）是一种急性感染性肺炎。

【错误案例】做大做优文化旅游业（责任单位：各乡镇）。

【正确案例】做大做优文化旅游业。（责任单位：各乡镇）

【问题分析】句内括号紧跟被注释词语之后，注释语末尾不用标点符号。句外括号放在被注释句子的句末点号之后。

规范使用标点是必要的。规范使用语言及符号，是文字有效交流的基础。古代没有规范标点，很容易造成对某句话的理解莫衷一是的问题。标点谈不上“几千年的传承”，而是近代以来为了文化普及、方便普通民众阅读才创造出来的事物。清末同文馆的张德彝首次从国外引进标点符号，之后知识界广泛号召使用标点，逐渐有了我们今天使用的标点符号。由于篇幅所限，本节只罗列了实践中易出现的几种标点差错，建议公文写作者参考国家质量监督检验检疫总局、中国国家标准化管理委员会发布的GB/T15834—2011《标点符号用法》使用。

常见错误 10：格式不规范

格式规范化是公文的最基本要求。规范的公文格式虽然看上去是“细枝末节”，却是公文具有法定权威性和强制约束力的显著表现，也是保证公文质量和办文效率的重要保障。党政机关公文格式依据的是《党政机关公文处理工作条例》和《党政机关公文格式》（GB/T 9704—2012）。关于“格式不规范”这一常见错误，详见本章第二节公文写作基本格式。

第三章
规范性公文写作

规范性公文也称法定公文，是指《党政机关公文处理工作条例》所规定的公文。规范性公文是党和国家机关用以表达意志、发布号令、传递交流重要信息的最主要的载体和工具，是党政机关治国理政、发挥管理职能的文字表现形式。公文的质量直接关系到党和国家方针政策的传达贯彻成效，直接体现管理者的能力素质与工作水平。公文的写作有其共同的特点与规律，而不同的文种，其适用范围、写作要求、发送范围和处理要求是不一样的，拟写者要认真学习与研究。

《党政机关公文处理工作条例》规定的文种主要包括决议、决定、命令（令）、公报、公告、通告、意见、通知、通报、报告、请示、批复、议案、函、纪要15种。法定的社会团体、企事业单位在行使其职能、进行公务活动时，也不能超出这15个文种的范围。

第一节 决 议

一、决议的概念

决议适用于会议讨论通过的重大决策事项，被列为党政机关 15 个法定公文文种的首位。

决议是指党政机关、企事业单位对重大决策事项经会议讨论研究并表决通过，而后要求有关单位和个人贯彻执行的领导性、法规性、重要指导性公文。

二、决议的特点

（一）权威性

决议作为党的领导机关、行政机关和企事业单位用于重要决策事项的公文，是在其特定会议上研究、讨论后形成的，代表着发文机关的意志，一经发布，其下属有关单位和个人必须严格遵守、认真落实，具有很强的权威性。

（二）决策性

决议是针对重大问题和重大事项所做出的决策，表述的观点或对具体事项的评价都具有指导意义。

（三）程序性

决议是经会议按照规定程序讨论，按规定程序表决，经规定人数同意后形成的产物。决议是全体与会者或大多数意志的体现，不履行表决程序，决议就无法产生。

三、决议的分类

根据决议涉及内容范围的不同，可分为四种类型。

（一）公布性决议

公布性决议指为公布某项法规、提案而使用的“决议”。

（二）批准性决议

批准性决议是发文机关会议对报告、计划表示肯定或否定意见的文件。涉及的内容较为具体，可以是批准负责人在某次会议上所做的工作报告、审议讨论的文件或讨论处理的工作事项等。

（三）阐述性决议

阐述性决议是将某些重大结论的具体内容展开阐述时常用的一种公文，属于针对某一专题性的问题做充分说明的大型公文，具有极大的权威性和指导性。

（四）专门事项性决议

专门事项性决议主要是指会议针对有关事项讨论通过的决议，往往对涉及重要的、长期的事项进行布置安排。

四、决议的写作格式

决议的格式一般由标题、题注、正文、落款组成。

（一）标题

决议的标题有三种形式：

（1）由发文机关、主要内容和文种构成。如《中共 ×× 省委关于坚决贯彻〈中共中央关于加强党同人民群众联系的决定〉的决议》。

（2）由会议名称、主要内容和文种构成。如《×× 市第十六届人民代表大会关于 ×× 市中级人民法院工作报告的决议》。

（3）省略发文机关，由主要内容和文种组成，如《关于确认十一届三中、四中全会增补中央委员的决定的决议》。

（二）题注

决议的成文日期可以不像一般公文那样在公文正文之后，而是加括号标写于标题之下居中位置。即在标题下面用圆括号注明通过决议的会议名称、日期和“通过”两字，这部分内容称为题注。具体写法有两种情况：

（1）如果公文标题中已包括会议名称，括号内只需写明“× 年 × 月 × 日通过”即可。

（2）如果公文标题中没有会议名称，括号内要写明“×年×月×日在××委员会第×次会议通过”。

（三）正文

决议的正文由决议依据、决议事项和结语三部分组成。

1. 决议依据

一般简要说明有关会议审议决议涉及事项的情况，陈述作出决议的原因、根据、背景、目的或意义。如“中国共产党第十四次全国代表大会通过十三届中央委员会提出的《中国共产党章程》（修正案），决定自通过之日起，经修正后的《中国共产党章程》即行生效”。

2. 决议事项

这是决议的主体部分，写明会议通过的决议事项，或会议对有关文件、事项作出的评价、决定，或对有关工作做出的部署安排和要求、措施。写法也比较灵活多样，可采取篇段合一式、分条列述式、分段式、分列小标题式写法。

批准事项或通过文件的决议，着重强调意义，提出号召和要求；安排工作的决议，写明工作的内容、措施、要求，内容复杂时，要明确分出层次并列出各层次的小标题，或者分条撰写；阐述原则问题的决议，主体部分要有较多的讨论，多采用夹叙夹议的写法，用概括叙述的方式介绍情况、提供事实，用议论的方式做公正的评价和精辟的论述，把道理说深说透。

3. 结语

结语部分是否撰写视情况而定，如需撰写，可紧扣决议事项有针对性地提出希望、号召和执行要求。

（四）落款

写明发文机关全称或者规范化法定简称，可省略。

五、决议的注意事项

（1）决议的人称只有一个，即“会议”。决议阐释的内容，必须是经过有关会议参会者的充分讨论通过并形成统一意见，参会者的意见可以不以决议公布，但应记录在案，要以事实为依据，切不可随意发挥。

（2）准确把握会议的中心，了解会议的背景、形势及目的，理解会议所要解决的基本问题以及这个问题的历史，掌握会议的肯定性意见及其他看法、意见与要求，知晓会议决策方案的多种状态及其中的最佳方案。

（3）决议以正面阐述为主，写重要的问题，用准确的语言加以论断，逻辑严密，条理分明，具体明确，说理透彻。一般用“会议一致认为”作段首语，全篇每一段落做到鲜明篇旨、段旨，尽力做到首尾呼应。

（4）专门事项性决议一般在结尾处都有一段专门用以鼓舞人心的号召性文字，鼓舞群众士气，循此前进，强化决议内容的宣传贯彻与执行。

六、决议的范例

（一）公布性决议范例

全国人民代表大会常务委员会关于公布
《中华人民共和国香港特别行政区基本法（草案）》的决议

（1989年2月21日通过）

第七届全国人民代表大会常务委员会第六次会议听取了香港特别行政区基本法起草委员会姬鹏飞主任委员关于《中华人民共和国香港特别行政区基本法（草案）》及有关文件的报告，决定：

公布《中华人民共和国香港特别行政区基本法（草案）》和三个附件，同时公布《中华人民共和国全国人民代表大会关于香港特别行政区第一届政府和立法会产生办法的决定（草案代拟稿）》《香港特别行政区基本法起草委员会关于设立全国人民代表大会常务委员会香港特别行政区基本法委员会的建议》，自公布之日起至1989年7月底，在香港和全国其他地区广泛征求意见。

……

……

……

【范例评析】这是一篇为公布某项法规而使用的公布性决议。决议标题由会议名称、内容和文种构成，题注明确。正文开篇开门见山，简要阐释会议中心内容；正文主体采用分段式描述，层次清楚，表明是经过会议讨论研究和意见征求而正式发布，具备极强的权威性和严格的程序性。决议结构完整，条理清晰，起到提纲挈领的作用。

（二）批准性决议范例

××镇第十四届人民代表大会第二次会议

关于《政府工作报告》的决议

（2003年4月17日在第十四届人民代表大会第二次会议上通过）

××镇第十四届人民代表大会第二次会议认真审议了×××同志所作的《政府工作报告》，决定批准这个报告，对镇政府一年来的工作表示肯定。

……

大会号召：全镇人民要紧紧围绕建设生态经济强镇的战略目标，进一步解放思想，振奋精神，艰苦创业，求真务实，开拓创新，与时俱进，为顺利完成今年我镇经济和社会各项事业的全面进步而努力奋斗。

【范例评析】这是一篇党政机关会议对某项报告表示肯定意见的批准性决议。因决议事项清晰明了，所以行文较为简洁。正文开头鲜明篇旨，表明立场；正文主体宣贯报告总体思路；结尾设有专门用以鼓励人心的号召性文字加以升华，利于决议内容的落实执行。

（三）阐述性决议范例

中共中央关于社会主义精神文明建设指导方针的决议

（中国共产党第十二届中央委员会第六次全体会议

1986年9月28日通过）

中国共产党第十二届中共委员会第六次全体会议，根据党的第十二次全国代表大会关于在建设物质文明的同时努力建设社会主义精神文明的战略决策，以及1985年党的全国代表会议的精神，根据我国全面改革发展的要求，回顾和讨论了几年来精神文明建设的成就和面临的问题。全会认为，适应新的形势，进一步明确社会主义精神文明建设的指导方针，加强这方面的工作，对于保证社会主义现代化建设事业的顺利发展，具有重大现实意义和长远意义。

一、社会主义精神文明建设的战略地位

（略）

二、社会主义精神文明建设的根本任务

（略）

三、用共同理想动员和团结全国各族人民

（略）

四、树立和发扬社会主义的道德风尚

（略）

五、加强社会主义民主、法制、纪律的教育

（略）

六、普及和提高教育科学文化

（略）

七、马克思主义在精神文明建设中的指导作用

（略）

八、党组织和党员在精神文明建设中的责任

（略）

【范例评析】这是一篇将某一重大指导方针的具体内容加以展开的阐述性决议，具有极大的权威性和指导性。决议开篇详尽阐释方针背景、会议主旨、会议意见及深远意义；正文准确把握方针中心，分段式正面直接阐述会议纲领。该决议逻辑严密，条理分明，具有直观性指导意义。

（四）专门事项性决议范例

××市第九届人民代表大会第五次会议

关于加快运河综合整治的决议

（2000年1月25日××市第九届人民代表大会

第五次会议通过）

××市第九届人民代表大会第五次会议审议了有关运河综合治理方面的第1、2、120、134、135、149、239、253、278号等9件议案。会议认为，京杭运河××段对我市经济发展和人民生活有着重要的作用和影响，目前运河污染十分严重，制约了环境质量的提高和经济的发展。为此，会议决定提出关于加快运河综合整治的大会决议案。会议要求市政府加大环保法、水污染防治法的执行力度，加快运河综合整治，采用截污、清淤、驳墈、配水、绿化、保护、造景、管理等综合措施，对运河分段分期加以整治。近期2000年至2004年的整治目标：运河市区段三堡至坝子桥水质达到Ⅳ类以上水体，坝子桥至义桥及余杭段达到Ⅴ类以上水体，两岸环境质量明显改观，河面无漂浮物，夜间航运噪声得到有效控制。远期2005年至2010年的整治目标：运河××段全线水质达到Ⅳ类以上的水体，两岸营造高质量、高品位的河道环境。会议号召全体人民积极行动起来，为整治运河、美化家园作出应有的贡献。

市政府应尽快拟定运河综合整治的规划和各年度的整治计划，报经市人大常委会审议后实施。

【范例评析】这是一篇针对某专门事项讨论后形成的专门事项性决议，该决议类型往往涉及重要的、长期的事项。开篇直入主题，阐述审议的专门性事项；主体部分详尽阐述会议背景、会议要求、会议决策、近远期目标及部署安排，行文逻辑严密，指导性强，头尾呼应，紧密连贯。

第二节 决 定

一、决定的概念

决定适用于对重要事项作出决策和部署、奖惩有关单位和人员、变更或撤销下级机关不适当的决定事项，是各级党政机关普遍使用的一种下行公文。

决定比较集中地体现上级领导机关对重要事项或重大行动的决策，具有较强的针对性、政策性和强制性，是指导下级机关工作的准则。

决定的使用范围很广，国家党政机关、群众团体可以使用，基层企事业单位也可以使用。可向特定单位和群体发，也可以普发。

二、决定的特点

（一）严肃性

对重要事项作出安排，下级机关必须认真执行，不能随意变通执行。

（二）针对性

根据现实问题作出安排、部署和决策。

（三）强制性

由党政机关制发，要求下级机关无条件贯彻执行。决定的强制性仅次于命令，有时候是法规的延伸和补充，具有较强的行政约束力。

（四）指导性

集中体现了上级领导机关对重要事项的决策和重大行动的指挥意志、处置意图和倾向，具有较强的理论性、政策性，是指导下级机关的工作准则。

（五）稳定性

决定的稳定性主要表现在内容上，某个问题一旦经党政领导机关作出决定，就要求相当长时间贯彻执行，并在相当长时间内发挥作用。

三、决定的分类

一般情况下，可将决定分为法规政策性决定、重要事项决定、奖惩性决定。

（一）法规政策性决定

如《中共中央国务院关于优化生育政策促进人口长期均衡发展的决定》就属于这一种类型，是为了促进人口长期均衡发展而作出的重大部署。这类决定通常带有附件。它的内容和要求，下级机关或有关人员必须遵照执行。

（二）重要事项决定

这类决定一般偏重于统一认识和确定某一方面的方针决策，如《中共中央关于全面深化改革若干重大问题的决定》，这些决定一般都要求下级机关认真贯彻执行。但也有例外，如《全国人民代表大会常务委员会关于加入〈南极条约〉》的决定，属于宣传性决定，是对我国采取的一个重大行动做出安排，并向全国、全世界郑重宣布，一般不要求下级机关执行。

（三）奖惩性决定

因为某一事件活动过程已经完结，为了树立榜样以表彰好人好事，或者吸取教训以批评坏人坏事而做出的决定。如《中共中央关于授予“七一勋章”的决定》，就是表彰好人好事。

四、决定的写作格式

决定的基本结构通常由标题、正文和落款三部分组成。

（一）标题

决定的标题一般由作出决定的机关或通过决定的会议名称、决定的事项和文种三部分组成。如果是由某次会议讨论通过的决定，一般要在标题之下标明该决定是在什么时间、什么会议上通过的。

（二）正文

决定的正文一般由开头、主体和结尾三部分组成。

1. 开头

主要写明作出决定的目的、意义及根据。其中根据包括理论根据、政策法律依据和事实依据三个方面。开头部分要求开门见山，简明扼要。如果是对重大行动作出安排的决定，还要求比较透彻地说明为什么要作出该决定及其目的和意义，以便执行者能够充分认识实施这一重大行动的重要性。

2. 主体

主要写决定的事项，即决定的内容，是决定的核心部分。决定所具有的权威性和指导性，要求下级机关认真贯彻执行，故决定事项必须写得明确具体，政策界限必须清晰分明，措施和要求必须具体得当。

常见的主体部分的结构形式有篇段结合式、多段组合式、条款分列式、分块式和条块结合式五种。

（1）篇段结合式。整篇决定只有一个自然段，适用于内容单一、文字很少的决定。

（2）多段组合式。由若干自然段构成一篇决定，适用于内容简单、篇幅较短的决定。

（3）条款分列式。适用于涉及事项较多、内容比较庞杂的决定。为了使决定的事项条理清楚、层次分明，通常采用条款分列的形式，将决定事项分成若干条款，并用数码标列出来。

（4）分块式。又称分部分式，即把决定的事项分成若干部分的一种结构形式，其优点在于使内容繁杂的决定显得有条有理，层次分明。

（5）条块结合式。就是将决定事项采取部分和条款相结合的方式来写的一种结构形式，其作用是既可以使决定事项在表达上做到使问题相对集中，又可使文章条理清楚。

3. 结尾

一般是一个自然段的篇幅，发出号召或提出希望。

（三）落款

决定都应该有落款，写明作出决定的机关（单位）全称或规范化简称以及作出决定的日期。会议通过的决定既可以在标题之下写明什么时间在什么会议上通过，用圆括号括入；也可以只写明会议通过的日期，用圆括号括入，正文之后便不再需要落款。

五、决定的注意事项

（1）要注意决定使用的程度：用决定来安排和部署的行动必须是“重要的”，而布置和处理一般的日常工作宜用“通知”；奖惩性决定与用于奖惩的命令和通报作用接近，但层次规格不同，决定低于命令高于通报。

（2）要注意区分决定与决议：一是程序不同，“决议”须经某一级机关或组织机构的法定会议对某一议题进行集体讨论、通过并形成正式文件；“决定”不一定经过法定会议讨论通过。二是写法不同，“决定”要求写的明确、具体，可以直接成为下级机关行动的准则；“决议”往往比较概括，多数还需要根据决议制定相应的办法或措施。

六、决定的范例

（一）法规政策性决定范例

中共中央 国务院 关于优化生育政策促进人口长期均衡发展的决定

（2021 年 6 月 26 日）

人口发展是关系中华民族发展的大事。为贯彻落实党的十九大和十九届二中、三中、四中、五中全会精神，促进人口长期均衡发展，现就优化生育政策，实施一对夫妻可以生育三个子女政策，并取消社会抚养费等制约措施、清理和废止相关处罚规定，配套实施积极生育支持政策（以下简称实施三孩生育政策及配套支持措施），作出如下决定。

一、充分认识优化生育政策、促进人口长期均衡发展的重大意义

（略）

二、指导思想、主要原则和目标

（略）

三、组织实施好三孩生育政策

（略）

四、提高优生优育服务水平

（略）

五、发展普惠托育服务体系

（略）

六、降低生育、养育、教育成本

（略）

七、加强政策调整有序衔接

（略）

八、强化组织实施保障

（略）

【范例评析】这是一篇法规政策性决定，整篇行文条理清晰，开头阐述了做出该项决定的原因、目的和依据；主体部分采用分块式结构，对每一个部分的内容进行详细阐述，措施明确具体，层次分明、条理清晰。

（二）重要事项决定范例

中共中央关于全面深化改革若干重大问题的决定

（2013 年 11 月 12 日中国共产党第十八届中央委员会第三次全体会议通过）

为贯彻落实党的十八大关于全面深化改革的战略部署，十八届中央委员会第三次全体会议研究了全面深化改革的若干重大问题，作出如下决定。

一、全面深化改革的重大意义和指导思想

（略）

二、坚持和完善基本经济制度

（略）

……

十六、加强和改善党对全面深化改革的领导

（略）

全党同志要紧密团结在以习近平同志为总书记的党中央周围，锐意进取，攻坚克难，谱写改革开放伟大事业历史新篇章，为全面建成小康社会、不断夺取中国特色社会主义新胜利、实现中华民族伟大复兴的中国梦而奋斗！

【范例评析】这是一篇重要事项的决定，开头总领简洁概括，用“作出如下决定”引出主体内容，接下来撰写出台该决定的重大意义和指导思想，然后从十五个方面详细阐述了全面深化改革的若干重大问题，每个问题下面又分为很多小问题，用序号表示，结尾部分再提出号召，结构完整、清晰、周密。

（三）奖惩性决定范例

中共中央关于授予“七一勋章”的决定

（2021年6月）

今年是中国共产党成立100周年。100年来，我们党团结带领中国人民进行了艰苦卓绝的斗争，为实现民族独立、人民解放和国家富强、人民幸福接续奋斗，中华民族迎来了从站起来、富起来到强起来的伟大飞跃，创造了中华民族发展史、人类社会进步史上的伟大奇迹。党的十八大以来，以习近平同志为核心的党中央坚持以人民为中心，统筹推进“五位一体”总体布局、协调推进“四个全面”战略布局，脱贫攻坚战取得全面胜利，全面建成小康社会取得伟大历史性成就，开启了全面建设社会主义现代化国家的新征程。

在100年波澜壮阔的历史进程中，一代又一代中国共产党人顽强拼搏、不懈奋斗，涌现了一大批英勇牺牲的革命烈士、一大批矢志进取的英雄人物、一大批忘我奉献的先进模范。为了隆重表彰在中国革命、建设、改革各个历史时期，为党和人民事业一辈子孜孜以求、默默奉献，贡献突出、品德高尚的功勋模范党员，激励全党坚守初心使命、忠诚干净担当，党中央决定，授予马毛姐、王书茂、王占山、王兰花、艾爱国、石光银、吕其明、廷·巴特尔、刘贵今、孙景坤、买买提江·吾买尔、李宏塔、吴天一、辛育龄、张桂梅、陆元九、陈红军、林丹、卓嘎、周永开、柴云振、郭瑞祥、黄大发、黄文秀、黄宝妹、崔道植、蓝天野、魏德友、瞿独伊同志“七一勋章”。

这次受表彰的“七一勋章”获得者，是我们党各个时期、各条战线党员的杰出代表。他们信念坚定，对党忠诚，矢志不渝为党和人民事业奉献一切；他们践行宗旨，为了人民根本利益和美好生活，呕心沥血，拼搏奋战；他们勤勉务实，不论在什么岗位，都忘我工作、奋发有为，成就非凡功绩；他们不怕牺牲，保持革命者大无畏的战斗精神，危难时刻挺身而出，用生命践行使命，赢得全党全社会广泛赞誉。

当前，我国正处于实现中华民族伟大复兴的关键时期。党中央号召，全党要以习近平新时代中国特色社会主义思想为指导，以“七一勋章”获得者为榜样，增强“四个意识”、坚定“四个自信”、做到“两个维护”，更加紧密地团结在以习近平同志为核心的党中央周围，赓续共产党人的精神血脉，不忘初心、牢记使命，永不懈怠、一往无前，为全面建设社会主义现代化国家、实现第二个百年奋斗目标、实现中华民族伟大复兴的中国梦作出新的更大贡献!

【范例评析】这是一篇典型的奖惩性决定。以党的名义，最高规格褒奖英雄模范。第一段是对中国共产党成立100周年以来取得的成就进行了总体概括和介绍；第二段分析了先进模范党员发挥的重要作用并作出了表彰决定；第三段主要是表达了作出奖惩的根据；第四段向全党发出号召。整篇决定结构典型，从百年奋斗看共产党人的精神特质，激励全党向功勋致敬、向榜样看齐。

第三节　命令（令）

一、命令（令）的概念

命令（令）适用于公布行政法规和规章、宣布施行重大强制性措施、批准授予和晋升衔级、嘉奖有关单位和人员。

命令（令）是法定的上级领导机关向下级机关发布的一种指挥性下行公文，一经发布，下级机关就要坚决服从和执行。

二、命令（令）的特点

命令（令）直接体现了国家或者某级行政领导机关的意志，在发令机关的职权范围内，命令起着对有关工作实行强制干预和约束、强行统一思想和行动的作用。具备以下三个特点：

（一）强制性

命令（令）一经发布，有关的下级机关或人员必须无条件地执行和服从，没有商量的余地。玩忽职守，延误或干扰命令的执行，都会受到严肃的处理；有意违抗，拒不执行，必将受到严厉的惩罚。

（二）权威性

命令（令）作为指挥性下行公文，具有行政公文的权威性和约束力。虽不是法律、法规本身，但可以确定法律、法规的生效日期、施行范围等。具有法律效力和法规约束作用。

（三）严肃性

命令（令）的强制性、权威性和不可逆转性要求制发命令的机关必须极其慎重。在使用这一公文时，必须严肃对待，既不能随意发布，更不能朝令夕改、任意更改和变通。

三、命令（令）的分类

根据内容和功用，常用的命令（令）种类有以下五种：

（1）发布令。发布令也称公布令或颁布令，是用于公布各种行政法规和规章的命令。

（2）行政令。行政令是国家领导机关或领导人发布重大强制性行政措施所使用的命令。

（3）嘉奖令。嘉奖令是用于嘉奖有突出成就和重大贡献的单位或个人的命令。内容比较丰富，行文感情色彩较重，有很强的号召力和感染力。

（4）任免令。任免令是国家领导人根据有关决定宣布重大人事任免事项的命令。

（5）特殊情况使用的命令。国家权力的更换、战争状态、国家形势发生大动荡时，有特赦令、动员令、戒严令等。

四、命令（令）的写作格式

（一）标题

命令（令）的标题有三种写法：①由发令机关名称、事由和“命令（令）”三项要素组成；②由发令机关的领导人职务（或发令机关）和“令”两项要素组成；③由事由和“命令（令）”构成。如《浙江省公安厅对成功处置重大灾情事件的消防支队的嘉奖令》《中华人民共和国主席令》《惩戒令》。

（二）主送机关

发布令和行政令因其面向下级机关所有单位，故不用主送机关，但是嘉奖令有主送机关。

（三）正文

命令的正文一般由缘由、命令事项、结尾三部分组成。命令缘由即正文开头，说明行令的依据、原因和目的。命令事项即正文的主项，提出行令要求与行令措施。结尾内容或有或无。

命令（令）的正文结构有三种形式：①一段式，主要用于发布性命令（令），基本内容为发布具体法规和施行日期；②二段式，主要用于事项性命令（令），第一段交代发布命令目的，第二段交代发布的具体内容；③三段式，主要用于嘉奖令，第一段交代嘉奖缘由，第二段交代嘉奖目的和内容，第三段写明嘉奖希望。

五、命令（令）的注意事项

（1）命令（令）的制发主体有着严格的限定，必须是上级机关。命令（令）必须在法律规定的职权范围内发布，不得越权行文，不得滥发命令。

（2）命令（令）的内容单一，要求一文一事，所涉及的事项必须是重要问题或重大事件。

（3）命令（令）要使用指挥性语言，语言明确简洁，庄重严肃，语气坚决肯定，不能含糊不清、模棱两可。

（4）命令（令）具有特定的格式。发文机关标志由发文机关全称加“命令”或“令”字组成，居中排布。发文机关标志下空二行居中编排令号。令号下空二行编排正文。命令的签发人在一般公文落款的位置。

（5）令号的形式有两种：一种是齐全式，同一般公文字号，由机关代字、年号、序号组成，如“国发〔2022〕15号”，这种形式多用于发布行政令或嘉奖令上；另一种是序号式，不按年度编排，而是以一届政府任期为单位按顺序进行编号，主要用于发布令，如《中华人民共和国国务院令（第5号）》。

六、命令（令）的范例

1. 发布令范例

中华人民共和国国务院令

第340号

《中华人民共和国外资金融机构管理条例》已于2001年12月12日国务院第50次常委会议

上通过，现予公布，自 2002 年 2 月 1 日起施行。

总理　××

2001 年 12 月 20 日

【范例评析】这是一篇发布令，正文采用一段式结构，开篇直接阐明公布的法律名称、通过的会议名称、通过及生效的日期，随后写明签署领导及签署日期，行文完整，简洁明了，语气庄重。

2. 嘉奖令范例

中央军委关于国庆 60 周年阅兵嘉奖令

国字〔2010〕第 ×× 号

承受阅兵的部队和战士们：

2010 年 10 月 1 号上午，国庆 60 周年阅兵正式在天安门广场拉开序幕。这是我军建国以来第 13 次在天安门广场进行大型阅兵。

人民解放军、武装警察部队和民兵预备役部队组成的受阅方阵，呈现了我军建立信息化军队、打赢信息化战斗的决心和保卫我国平安与利益、维护世界和平的决心；陆军学员方队、水兵方队、空降兵方队、炮兵学院方队、三军女兵方队等 14 个方队是改革开放后成长的新一代官兵，显示了我国国防和军队建立的勃勃活力；受阅 500 多台装备，全部来自我国的自主研发，呈现出我国已根本形成的以新型主战装备为骨干，电子信息装备和保障装备相协调，具有中国特色的现代化武器装备体系；海陆空军、航空兵的梯队展现，更呈现了我国 60 年阅兵的气概磅礴。

鉴于上述事迹，经中央军委讨论决定对参与国庆阅兵的部队、团体和个人予以表彰。希望受到表彰的部队、团体和个人虚心慎重、戒骄戒躁，继续发扬国庆 60 周年阅兵精神，为保卫国家利益、世界和平献出更宏大的力量。

中央军委主席　××

×××× 年 × 月 × 日

【范例评析】这是一篇嘉奖令，正文采用三段式结构，开篇详细介绍了受嘉奖者主要事迹，包括事件发生的时间、地点、原因和结果等，证明受嘉奖人值得嘉奖；其次说明给予嘉奖人的具体奖励；最后表达了发布命令者对受嘉奖人的殷切希望。行文完整，结构清晰，语言具有极强的号召力。

3. 任免令范例

中华人民共和国国务院令

第 678 号

依照《中华人民共和国香港特别行政区基本法》的有关规定，根据香港特别行政区行政长官选举委员会选举产生的人选，任命林郑月娥为中华人民共和国香港特别行政区第五任行政长官，于 2017 年 7 月 1 日就职。

总理　李克强

2017 年 3 月 31 日

【范文评析】这是一篇任免令，正文结构比较简单，采用一段式，开篇直接介绍任免的依据和任免的内容，包括任免人员姓名、职务和具体就职时间。语言明确简洁，庄重严肃，坚定有力。一般的人事任免不宜使用这种公文，只有重要的人事任免事项，才应使用这种公文。

第四节　公　报

一、公报的概念

公报适用于公布重要决定或者重大事项，是党政机关和人民团体公开发布重要决定、重大事件的晓谕类下行公文。

二、公报的特点

（一）重要性

公报的发布机关级别很高，都是党和国家高级管理机关。公报所涉及的内容，应是党内外、国内外普遍关心和瞩目的重大事件或重要决定。

（二）公开性

公报是公诸于众的文件，即公开告知，不需保密，一般也没有主送机关、抄送机关，而是公开向社会发布。

（三）新闻性

公报的内容应是近期发生的事项，属于社会关心而未知的，要求制作和发布及时，因此又具有新闻性的特点。公报的发布也不同于一般的公文和布告，而多是通过新闻渠道予以刊登和播发。

三、公报的分类

根据公报涉及内容范围的不同，可分为三种类型。

（一）会议公报

会议公报是用以报道重要会议或会谈的决定和情报的公报。这种公报一般用于党中央召开的会议。

（二）事项公报

事项公报是对某一项工作进度、事实、数据的总结性公文文体，一般由政府的某部门向社会发布普遍关心的重大事件或重要决定。事项公报的数据被国家各个部门制定条例、政策时使用。

（三）联合公报

联合公报是一种特殊用途的公报，用以发布国家之间、政党之间、团体之间就某些重大事项或问题经过会谈、协商取得一致意见或达成谅解后，双方联合签署发布的文件。

四、公报的写作格式

公报的格式一般由标题、题注、正文组成，但不同类型的公报，格式有所区别。

（一）会议公报

1. 标题

由“会议名称 + 公报”组成，如《中国共产党第十七届中央委员会第六次全体会议公报》。

2. 题注

一般将成文日期加括号标注于标题下方居中位置，形式上由“×年×月×日+会议名称+通过”组成。

3. 正文

一般包括会议基本情况、会议议定事项、结尾三个部分。

（1）会议基本情况。包括会议的时间、地点、出席人员、主持人等。如《中国共产党十七届六中全会会议公报》中，开头由三个自然段组成。第一段说：“中国共产党第十七届中央委员会第六次全体会议，于2011年10月15日至18日在北京举行。”第二段内容是：“出席这次全会的有，中央委员202人，候补中央委员163人。中央纪律检查委员会常务委员会委员和有关方面的负责同志列席了会议。”第三段的内容是：“全会由中央政治局主持。中央委员会总书记胡锦涛作了重要讲话。”基本情况要写得简单扼要、清楚明白。

（2）会议议定事项。如在《中国共产党十七届六中全会会议公报》中，“全会听取和讨论了胡锦涛受中央政治局委托作的工作报告，审议通过了《中共中央关于深化文化体制改革，推动社会文化大发展大繁荣若干重大问题的决定》。李长春就《决定（讨论稿）》向全会作了说明。”这就属于议定事项。主体部分常使用“会议听取了”“会议审议并通过了”“会议高度评价”“会议全面分析了”“会议指出”“会议强调”等词语作为各自然段的开头语。

（3）结尾。在最后一个自然段一般是提出号召、希望和要求等，常用“会议号召”“会议要求”等词语作为段首语。

（二）事项公报

1. 标题

一般由“事项+公报”组成，如《2004年全国教育事业发展统计公报》。

2. 题注

一般将成文日期加括号标注于标题下方居中位置，一般形式上为“×年×月×日”，同时要写明发布公报的机关名称。

3. 正文

一般包括公报基本内容、公报具体事项和结尾三个部分。

（1）基本内容。概括性地写明公报的内容。

（2）具体事项。阐明公报的具体事项，要求用最鲜明、最精炼的语言概述事件的核心内容，即何时、何地、发生了什么重大事件；要层次清楚明了，数据准确可靠。

（3）结尾。一般是提出号召、希望和要求等，根据内容需要也可以没有结尾部分。

（三）联合公报

1. 标题

一般由“事项 + 联合公报”组成，如《中俄总理第二十二次定期会晤联合公报》。

2. 题注

联合公报无题注。

3. 正文

要求概述公报的来由，即在何时、何地、谁与谁举行了什么会谈或谁对谁进行了什么性质的访问等。正文之后写明双方签署人的身份、姓名、年月日，并写明签署地点。

五、公报的范例

（一）会议公报范例

中国共产党第十九届中央委员会第五次全体会议公报

（2020 年 10 月 29 日中国共产党第十九届中央委员会第五次全体会议通过）

中国共产党第十九届中央委员会第五次全体会议，于 2020 年 10 月 26 日至 29 日在北京举行。出席这次全会的有，中央委员 198 人，候补中央委员 166 人。中央纪律检查委员会常务委员会委员和有关方面负责同志列席会议。党的十九大代表中的部分基层同志和专家学者也列席会议。全会由中央政治局主持。中央委员会总书记习近平作了重要讲话。

全会听取和讨论了，（略）

全会充分肯定，（略）

全会一致认为，（略）

全会高度评价，（略）

全会强调，（略）

全会深入分析了，（略）

全会提出了，（略）

全会号召，全党全国各族人民要紧密团结在以习近平同志为核心的党中央周围，同心同德，顽强奋斗，夺取全面建设社会主义现代化国家新胜利！

【范例评析】这是一篇党中央会议结束后发布的公报。在开篇简要阐明会议名称、时间、地点、出席人员、主持人等基本情况后，主体部分以“全会听取和讨论”“全会充分肯定”“全会一致认为”等词语作段首语，对会议议定事项进行逐一说明，并在正文最后发出号召，内容明确完整。

（二）事项公报范例

2018年中国国土绿化状况公报

（2019年3月12日 全国绿化委员会办公室）

2018年，各地、各部门（系统）全面贯彻党的十九大精神，以习近平生态文明思想为指导，认真践行绿水青山就是金山银山理念，以建设美丽中国为总目标，以满足人民美好生态需求为总任务，以增绿增质增效为主攻方向，统筹山水林田湖草系统治理，组织动员全社会力量推进大规模国土绿化行动，国土绿化事业取得了新成绩。全国共完成造林707.4万公顷，森林抚育851.9万公顷，治理退化草原666万公顷以上，为维护国土生态安全，建设生态文明和美丽中国作出了重要贡献。

一、全民义务植树深入开展

4月2日，习近平、李克强、栗战书、汪洋、王沪宁、赵乐际、韩正、王岐山等党和国家领导人，同首都群众一起参加义务植树活动，（略）。

二、大规模国土绿化行动积极推进

（略）

三、林业生态工程稳步实施

（略）

四、草原建设有效加强

（略）

五、部门绿化工作亮点纷呈

（略）

六、森林城市建设扎实推进

（略）

七、乡村绿化建设步伐加快

（略）

八、防沙治沙稳步推进

（略）

九、森林质量精准提升持续开展

（略）

十、保护地体系建设和野生动植物保护持续加强

（略）

十一、湿地保护管理成效明显

（略）

十二、林木种苗与森林旅游发展持续向好

（略）

十三、森林、草原资源保护力度加大

（略）

十四、国土绿化政策机制逐步完善

（略）

2018年国土绿化工作虽然取得了显著成绩，但仍需持续发力，补齐短板，深入贯彻以人民为中心的思想，努力实现应绿尽绿；紧跟国家现代化进程，继续保持较高发展速度；坚持走科学、生态、节俭的绿化之路，不断提高国土绿化的质量效益；落实全国动员、全民动手、全社会搞绿化的方针，积极动员全社会力量广泛参与；依靠改革创新，不断提高工作质量和水平。

【范例评析】这是一篇政府向社会发布的关于2018年中国国土绿化状况的事项公报。公报第一段简单说明了当年国土绿化行动、国土绿化事业的情况，然后细分十四个部分对具体情况进行阐述，便于社会公众更全面地知晓、掌握国土绿化工作的措施、方案和进度。根据公报实际情况，本文结尾没有提出相关号召，但提出了下一步工作思路和目标。

（三）联合公报范例

中俄总理第二十二次定期会晤联合公报

应中华人民共和国国务院总理李克强邀请，俄罗斯联邦政府总理德·阿·梅德韦杰夫于2017年10月31日至11月2日对中华人民共和国进行正式访问。访问期间，中华人民共和国

主席习近平会见了梅德韦杰夫总理，李克强总理同他举行了中俄总理第二十二次定期会晤，全国人大常委会委员长张德江会见了梅德韦杰夫总理。

一

两国总理（以下称“双方”）强调，在两国元首的战略引领下，当前中俄全面战略协作伙伴关系持续快速稳定发展，处于历史最好时期，呈现更加积极的态势。高度的政治互信和密切的战略协作是两国关系高水平的重要标志。成熟稳定的中俄关系不仅是实现两国各自安全和发展的保障，也是维护世界和平稳定的重要积极因素和建设性力量。

双方满意地指出，（略）。

双方重申，（略）。

二

双方指出，2017年以来，双边贸易回升势头强劲，相互投资稳步增长，能源、航空、航天、农业、基础设施建设等领域的战略性大项目合作取得积极进展。双方表示愿共同努力，充分挖掘双边经贸合作潜力，提升合作质量和水平。为此，双方商定：

——促进贸易稳定增长，（略）；

——推动解决双边贸易和投资合作中的障碍和问题，（略）；

——继续积极推进“一带一路”建设和欧亚经济联盟对接，（略）；

——支持在欧亚大陆建立经济伙伴关系，（略）；

——积极探讨推动数字经济合作，（略）。

三

（略）

会晤期间，双方还签署了一系列合作文件。双方商定，中俄总理第二十三次定期会晤将于2018年在俄罗斯举行，具体时间将通过外交渠道另行商定。

中华人民共和国国务院总理　　俄罗斯联邦政府总理

李克强　　德·阿·梅德韦杰夫

2017年11月1日于北京

【范例评析】这是一篇中俄双方高层定期会晤后形成的联合公报。开篇阐明了会晤时间、地点、人员以及访问性质等来由，正文对双方意见和商定事项进行逐一阐明，内容清晰明了。正文最后写明了双方签署人的身份、姓名、时间、地点等信息，结构完整。

第五节 公 告

一、公告的概念

公告适用于向国内外宣布重要事项或法定事项。公告通常以党和国家的名义向外发布，有时也授权其他机关以公告形式公开发布，具有高度的庄严性和权威性。属于发布范围广泛的晓谕性下行公文。

公告的发布者一般是国家立法机关或行政领导机关，具有较强的权威性，有些还有强制性。

二、公告的特点

（一）发文机关具有限制性

由于公告宣布的是重要事项或法定事项，发文机关多为较高级别的国家行政机关或权力机关及其授权机关。

（二）发布范围具有广泛性

公告的广泛性表现在两个方面：一是公告发布范围最为广泛，有的向全国或某一地区发布，有的向全世界发布；二是公告所告知的对象也很广泛，主要是面向社会公众，发布公告的机关和被告知对象之间一般无直接的隶属关系，一般不标注受文单位。

（三）发布内容具有重大性

公告内容，必须是能在国际、国内产生一定影响的重要事项，或者依法必须是向社会公布的法定事项。公告内容体现国家权力部门的威严，既要能将有关信息和政策公诸于众，又要考虑在国际、国内可能产生的政治影响。

（四）发布方式具有新闻性

公告往往通过广播、电视、网络、报纸等新闻媒介发布，使公众及时了解重大事项，带有明显的新闻特点。

三、公告的分类

根据内容、性质、作用和发布机关的不同，公告大致可以分为重要事项公告、法定事项公告和专业性公告。

（一）重要事项公告

重要事项公告是公布国家重大的政治、经济、文化、生活等方面的事项内容的公告。

（二）法定事项公告

法定事项公告是指由政府有关职能部门根据某一法律或法规的规定，依照法定程序发布的某些具有专门性质事项的公告。

（三）专业性公告

专业性公告属于一定领域内或向特定对象发布的公告。

四、公告的写作格式

公告具有通用公文的完整结构，主要由标题、正文、落款三部分组成。

（一）标题

公告的标题一般有三种写法：①由“发文机关名称＋文种”组成，例如《国务院公告》；②由“发文机关名称＋事由＋文种”组成，例如《海关总署关于防止猴痘疫情传入我国的公告》；③只写出文种“公告”即可。

（二）正文

公告的正文通常由依据、事项和结语三部分组成。公告依据应写明根据什么法律、法规或什么会议的决定、精神。公告事项要写清发布的内容，如果事项较多，可以采取分条列项的行文方式。公告结语一般使用比较固定和规范的专用词语，体现公告的庄重性和严肃性，如“现予公告”“特此公告”等。此类结语要求另行书写，也可以省略。

（三）落款

公告落款要写明发布公告的机关名称和发布日期。凡标题之下列有发文机关名称和日期的，此处可以省略。公告日期有的注在标题下方，也可注在正文末尾落款处。重要公告的落款除注明发文机关和日期外，还要标明发布地点。

五、公告的注意事项

（1）撰写时要求事理周密、条理清楚、通俗易懂、文风严肃。

（2）公告所公布的是重要或重大事项，写作时要直陈其事，一事一告，就实公告。语言要严肃庄重，不发议论，不加说明，更不能抒情。

（3）公告一般不编号，但当某一次会议或某一专门事项需要连续发布几个公告时，则应在标题下单独编号。

（4）由于公告具有新闻性的特点，故应及时、迅速地将所发生的重大事项向社会公布，以发挥其应有的作用。

（5）注意区分公报与公告：两个文种均是党和国家用来向国内外公开宣布、告知某一重大事项的，是非常严肃、庄重的公文。不同点主要是，公告多用于宣布重大消息，内容一般十分简要；公报的内容一般比较详细具体地报道某一重要会议或重要事项的内容。

六、公告的范例

（一）重要事项公告范例

新华社受权公告

2022 年 8 月 2 日新华社受权公告：中国人民解放军将于北京时间 2022 年 8 月 4 日 12 时至 7 日 12 时，在以下海域和空域，进行重要军事演训行动，并组织实弹射击。具体为：

北纬 25° 15′ 26″ 、东经 120° 29′ 20″ ，北纬 24° 50′ 30″ 、东经 120° 05′ 45″ ，北纬 25° 04′ 32″ 、东经 119° 51′ 22″ ，北纬 25° 28′ 12″ 、东经 120° 14′ 30″ 四点连线。

……

为了安全，在此期间有关船只和飞行器不要进入上述海域和空域。

【范例评析】此公告是授权新华社发布的一项重大事项。结构上采用“篇段合一”的形式，一气呵成。公告内容简要精炼，逻辑严密，表述准确，表现出捍卫国家主权和领土完整的坚定态度。

（二）法定事项公告范例

中国人民银行公告

〔2019〕第24号

为健全债券违约处置机制，保护投资人合法权益，根据《全国银行间债券市场债券交易管理办法》（中国人民银行令〔2000〕第2号）等有关规定，现就银行间债券市场到期违约债券转让有关事宜公告如下：

一、本公告所称到期违约，是指在债券发行文件中约定的到期兑付日，债券本金或利息未能得到按时足额偿付，以及因破产等法定或约定原因导致债券提前到期且债券本金或利息未能得到按时足额偿付的情形。

……（二至五条略）

六、银行间债券市场的交易平台和债券托管结算机构应当制定相关业务规则，报中国人民银行备案。

七、本公告未尽事宜，参照中国人民银行公告〔2015〕第9号有关规定执行。

八、本公告自2020年2月1日起施行。现行银行间债券市场相关规定与本公告不符的，以本公告为准。

中国人民银行

2019年12月30日

【范例评析】该篇涉及国家金融重要事项的公告，属于政府职能部门根据相关规定发布的法定事项公告，采用“撮要分条”的结构形式。开头是一个以“为”字做提领的目的句，接着交代依据和中心内容，这就是“撮要”。在“撮要”之后，通过一个“现公告如下”做过渡，转入公告的主体，由几个具体的条文组成，这就是“分条”。

（三）专业性公告范例

华中科技大学70周年校庆公告

楚天极目，挥毫酬岁月；江汉朝宗，奋袂贯长虹。七十年栉风沐雨，春华秋实；七十载薪火相传，砥砺前行。2022年10月，华中科技大学将喜迎70华诞。

柱长天以大木，开莽原以上庠。1952年，城建建校、同济迁汉、华工开元，三所社会主义新型高校扎根白云黄鹤之乡，开启了筚路蓝缕、奋发图强的建设征程。世纪之交，原华中理工大学、同济医科大学、武汉城市建设学院三校合并，组建成立华中科技大学。与共和国同行，与新时代共进。七十年来，学校走出了一条新中国创立、发展、创新高等教育，建设中国特色世界一流大学的独特之路，被誉为“新中国高等教育发展的缩影”。

……

以实干创一流，以创新致卓越。站在新的历史起点上，华中科技大学秉持“明德、厚学、求是、创新”的校训精神，顶天立地、追求卓越，努力建设中国特色世界一流大学，为实现中华民族伟大复兴的中国梦不懈奋斗。

共襄盛举，擘画未来。70周年校庆，是华中科技大学发展历程中的一件大事，是海内外全体华中大人畅叙情谊的盛会，更是凝聚力量、共谋发展的重要契机！在喜迎党的二十大胜利召开之际，我们将围绕“与共和国同行，与新时代共进”的主题，以线上线下相结合的形式，举办校庆大会、大学校长论坛、首届全球校友创新创业大赛、校史展及办学成果展等丰富多彩的系列活动。

佳期渐近，同心期盼。10月6日上午，庆祝华中科技大学建校70周年大会将在光谷体育馆举办，诚邀校友、宾朋不远遐路，拨冗莅临。

特此公告，敬祈周知。

华中科技大学

2022年9月17日

【范例评析】对于一所著名的高等学校而言，举行70周年校庆是一次盛典，用公告的形式向国内外发布是符合公告的使用范围的。但校庆公告的写作方式则是百花齐放、各具特色。该公告从学校的组建和发展、校庆的意义、校庆的时间、对校友和支持者的邀请几方面来撰写，属于向特定对象发布的专业性公告。

第六节 通 告

一、通告的概念

通告适用于在一定范围内公布应当遵守或者周知的事项。例如,《××市关于依法处理信访活动中违法犯罪行为的通告》所公布的是有关部门和人员需要遵守执行的事项;《××市关于严格疫情防控有关措施的通告》所公布的是广大人民群众需要普遍了解的事项。

通告与公告类似，都属于发布范围广泛的晓谕性下行公文，内容都具有知照性，但通告的专业性往往很强，其重要程度、发布权限、发布范围、发布方式等均与公告有所不同，撰写过程中应注意防止混淆和误用。

二、通告的特点

通告具有以下四个较为显著的特点:

1. 周知性

通告的内容面向社会各有关方面，所指的有关方面是很宽泛的，不是很具体的，要求在一定范围内的人们或特定的人群普遍知晓。如某地关于城市公共交通和长途客运运营调整的通告，就涉及需要乘坐公共交通和长途客运的人和运营车辆，是一个相对比较模糊的概念。

2. 法规性

通告通常由国家行政机关和企事业单位根据相应职权范围发布，并且常用于颁布一些地方性法规，具有一定的法规性和约束力。其通告的事项内容，相关的单位或个人都必须严格遵守。如某地关于严禁农用三轮车违法载人的通告，对于违反通告规定事项的行为就要作出处罚。

3. 行业性

各行业均可根据其业务或事务的不同而发布通告，如交通部门关于实行交通管制的通告，税务部门关于征税的通告，银行关于发行人民币的通告，林业部门关于保护森林资源的通告等。因此，通告行文中时常会引用本行业的法规制度，使用本行业的专业术语。

4. 事务性

通告的使用频率明显超过公告，可以使用的对象也十分广泛，而且其内容既可以涉及政策法令，也可以涉及某些非常具体的事务。比如关于加快超标排放汽车淘汰进度的通告，关于从重处罚公共场所随地吐痰和乱扔垃圾行为的通告等，是一种指向性较强的文种。

三、通告的分类

根据不同的标准或不同的角度，可以对通告进行不同的划分。通常通告可分为法规性通告和周知性通告两大类，但这两种通告也是以法规性的强弱不同为标准来区分的，两者之间没有绝对的界限。法规性的通告肯定也具有周知性，周知性的通告很多也会带有法规性的内容。

1. 法规性通告

法规性通告主要由国家各级权力、行政及司法机关等发布，用于通告一些具有约束力的法规性文件，是最具有权威性的一类通告。其内容一般为禁止做什么，更多的是强制性措施，如《关于禁止燃放烟花爆竹的通告》等。

2. 周知性通告

周知性通告是以通告的形式将某项需在一定范围内周知或办理的事项告诉有关群众或组织，主要起通知事项的作用，没有强制性措施，政府机关、社会团体、企事业单位均可使用，如调休放假通告、举行活动通告、建设征地通告、更换证件通告、道路施工通告等。

四、通告的写作格式

通告一般由标题、缘由、事项、结语四部分组成。

1. 标题

通告的标题主要有四种写法：

（1）全题写法，由发文机关、主要内容和文种共同构成，如《××市人民政府关于×××的通告》。正式发文采用全题写法。

（2）以主要内容和文种为标题，即《关于×××的通告》。

（3）省略主要内容的写法，由发文机关、文种组成，如《××市公安局通告》。

（4）直接以文种作标题，即“通告”二字，如遇特别紧急的情况，可在通告前加上“紧急”二字。

2. 缘由

通告的缘由主要阐述发布通告的背景、根据、目的、意义等。常用的特定承启句式“为……，特通告如下”或者“根据……，决定……，特此通告”，以此引出通告的事项。

3. 事项

通告的事项是通告全文的核心部分，涵盖了需要周知的事项和执行要求。因这部分文字最多、内容最复杂，撰写时首先要做到条理分明，层次清晰。若事项较多，可采用分条列项的写法；若内容较单一，也可采用贯通式写法。其次要做到明确具体，需清楚说明受文对象应执行的事项，以便于理解和执行。

4. 结语

结语是通告的结尾部分，写法比较简单，多采用“本通告自发布之日起实施”或“特此通告”等模式化结语。有的会提出相关执行要求，有的还会对群众提出号召和希望，有的则没有结语。

五、通告的注意事项

通告写作中应注意以下三方面的事项：

1. 内容要严谨

撰写时要有法规政策观念，确保所写的内容不与现行法规政策相悖。法规性通告要写清法律依据，不能随意出台违反法律程序的“土政策”。

2. 表达要清晰

通告的文字表达应清晰准确、通俗易懂。在处理带有一定行业性的公务时，尽量选择广为人知的行业用语，减少专业性术语，易于让人理解掌握。

3. 语气要庄严

通告全文结构紧凑严密，层次清晰、逻辑合理，语气上要坚定、肯定、庄严、庄重，一般多使用祈使句，祈使中带有指令和要求强制执行的语气。

六、通告的范例

1. 法规性通告范例

××市人民政府关于禁止燃放烟花爆竹的通告

为加强我市烟花爆竹安全管理，切实保障人民群众生命财产安全，有效防止环境污染和噪声污染，根据《中华人民共和国大气污染防治法》《中华人民共和国治安管理处罚法》和《烟花爆竹安全管理条例》等有关法律法规，结合我市实际，现就有关事宜通告如下：

一、本《通告》所称烟花爆竹，系指以烟火药为主要原料制成，引燃后通过燃烧或爆炸，产生光、声、色、型、烟雾等效果，用于观赏、具有易燃易爆危险的物品。

二、×××市行政区域内全时段禁止燃放烟花爆竹；严禁非法生产、销售、储存、运输烟花爆竹。

三、举办焰火晚会以及其他大型焰火燃放活动的，由主办单位按照《烟花爆竹安全管理条例》有关规定，向公安部门提出申请，经公安部门审查批准后，在指定的时间和地点燃放。

四、对非法生产、销售、储存、运输、燃放烟花爆竹等违法行为，由相关执法部门依法依规查处。

五、违反本《通告》造成国家、集体、他人财产损失或人身伤害的，依法承担民事责任；构成犯罪的，依法追究刑事责任。

六、各县（市、区）人民政府和高新区、循环化工园区管委会，各乡（镇）政府、街道办事处，各村（居）委会依法履行禁止燃放烟花爆竹工作的主体责任和属地责任。

各县（市、区）人民政府和高新区、循环化工园区管委会要牵头组织生态环境、公安、应急管理、供销、城市管理综合行政执法、行政审批、交通运输、民政、教育、宣传、文化广电和旅游等部门充分发挥职能作用，严格落实本《通告》，切实加强日常监管，严厉打击非法行为。

七、对违反本《通告》的，任何单位或个人都有权劝阻、制止和举报。对举报非法生产、销售、储存、运输、燃放烟花爆竹的，经查证属实按照相关规定予以奖励。

八、本《通告》自2022年1月1日起施行，有效期5年。2021年1月8日实施的《××市人民政府关于市区全年禁止燃放烟花爆竹的通告》同时废止。

特此通告。

×××市人民政府

2021年12月24日

【范例评析】这是一篇法规性通告，通告的事项是禁止燃放烟花爆竹。正文中法律依据清晰，采用了分条列项的写法，阐明了关于烟花爆竹的相关管理规定，明确了需要遵守执行的要求，并注明了通告的有效期限。虽内容较多，但逻辑清晰、表达清楚、通俗易懂，易于群众理解。

2. 周知性通告范例

浙江省公安厅关于2021年世界互联网大会·乌镇峰会期间实施临时道路交通管理措施的通告

为确保2021年世界互联网大会·乌镇峰会的顺利召开，保障道路交通安全畅通，根据《中华人民共和国道路交通安全法》有关规定，对我省部分道路实施临时交通管理措施。现将有关事项通告如下：

一、2021年9月23日0时至9月28日24时，桐乡市境内普通道路以及S12申嘉湖高速公路嘉兴段禁止枪支弹药、民爆物品、烟花爆竹、剧毒化学品、放射性物品等危险物品运输车通行。对其中涉及国计民生确需运输的，经公安部门审批后按指定的时间、路线通行。

二、2021年9月23日0时至9月28日18时，桐乡市乌镇大道－嘉湖公路－湖盐公路－运河合围区域内的普通道路（不含上述道路）、S12申嘉湖高速公路乌镇出口禁止载货汽车通行。

三、2021年9月23日0时至9月28日18时，根据道路通行条件及交通流量，对G60沪昆、G92杭州湾环线、S2杭甬、S13练杭、S16杭浦等高速公路杭州段、湖州段和嘉兴段、S12申嘉湖高速公路、G1522常台高速公路嘉兴段、G2504杭州绕城高速公路东线和北线段，视情采取临时限制交通的措施。

请过往车辆驾驶人自觉遵守本通告规定，服从现场执勤民警和管理人员的指挥，提前选择路线绕行。确因生产生活需要进入桐乡市及乌镇限行区域的限行车辆，请前往桐乡市公安局交警大队或乌镇交警中队办理通行证明，或通过"桐乡金盾""桐乡交警"微信公众号办理。

特此通告。

浙江省公安厅

2021 年 9 月 14 日

【范例评析】这是一篇周知性通告，通告的事项是 2021 年世界互联网大会 · 乌镇峰会期间，浙江省部分道路实施临时交通管制措施。正文内容缘由清晰、依据充分，按照事项涉及的不同时间段或不同路段，条目式地写明了需执行相关要求。结语简洁明了。全文比较全面地体现了周知性通告的写作规范。

第七节　意　见

一、意见的概念

意见适用于对重要问题提出见解和处理办法，是上级机关、同级机关或主管部门，针对当前或者将来要实行的主要工作和亟待解决的重大问题，提出原则性的要求和具体的处理办法，并直接发至下级机关或转发到有关部门遵照执行的具备指示作用的公文。

二、意见的特点

（一）使用主体的广泛性

意见广泛适用于各级行政机关、企事业单位和人民团体，不仅上级机关可以使用，基层单位也可以视情况使用，在一定程度上体现了现代社会在行政管理活动中的民主作风。

（二）行文的多向性

意见是所有公文中唯一可以使用于上行文、下行文和平行文的文种。作为上行文，下级机关用它向上级机关提出建设性意见，以取得上级的支持或批转；作为下行文，上级机关用它对下级机关提出指导性、规定性意见；作为平行文，平级机关、不相隶属单位之间用它来向对方提出建议或答复对方所征求的对某项工作的建议。

（三）指示性和参考性

下行文的意见具有指示、指挥、指导的性质和功能。而上行文和平行文的意见具有参考和协商的功能。

（四）时限性和连续性

一个问题解决了，一项工作完成了，有关意见也就自动失效。有的问题、工作、活动是长期的，有关意见的时效期就也会很长，而且还可以陆续出台补充意见或修改意见。

三、意见的分类

（一）指导性意见

这是上级机关对下级机关布置工作时提出的原则的或具体指示性意见的下行文，它同指示、命令、决定等文种一样，具有政策性、原则性、针对性的特点，对下级机关有一定的规范作用和行政约束力。此类意见重在阐明指导思想、工作原则，提出工作思路和措施、办法，给下级机关及时地指导，同时又留有更多工作余地。

（二）实施性意见

这是上级领导机关对某一时期某方面工作规定目标和任务，提出措施、办法、步骤和实施要求的下行文。此类意见重在阐述上级的有关精神，使下级单位对上级的文件精神有更深入的理解，同时提出较为具体的行动方案和工作安排，与实施计划的效用相似。

（三）规划性意见

这是有关部门对某一时期某方面的工作提出的大体构想，属下行文。此类意见的特点是适用时期长，内容宏观化、整体化，类似于规划、纲要等计划性文体，指示了一个时期内某项工作的要点、原则和努力方向，但一般没有具体的方法和措施。

（四）建议类意见

建议类意见可以是上行文，也可以是平行文。上行的建议类意见，是按请示性公文的程序和要求向上级机关提出工作建议、设想。平行的建议类意见，是就某项专门业务工作向平级机关或不相隶属机关提出参考意见。

根据行文目的和要求，建议类意见又可分为呈报类建议意见和呈转类建议意见两类。

（1）呈报类建议意见。是向上级机关提出某方面工作的建议、意见，向上级献计献策，以供上级决策参考。对于呈报类建议意见，上级机关可以不行文反馈。

（2）呈转类建议意见。是有关单位就开展或推动某方面工作提出初步设想和打算，呈送上级机关审定后，由上级机关批转有关部门执行的上行文。意见一经上级机关批转，则代表了上级机关的意见。

（五）具体工作意见

这是有关部门对如何做好某项工作提出意见的下行文。此类意见所涉及的内容比较具体，有时还会有一些可操作性的办法、措施等。行政机关的一些意见可以更具体地指向某项工作。

（六）评价类意见

这是业务职能部门或专业机构就某项专门工作、业务工作经过调查、研究或者鉴定、评审后，把商定的鉴定、评估结果写成意见送交有关方面，它虽可上行、下行，但主要是不相隶属组织间的平行文。此类意见又可以分为鉴定性意见和批评性意见。

（1）鉴定性意见。对某项工作的成果、某项决策的可行性进行调查、论证、评估、鉴定后而写出的意见。

（2）批评性意见。对某项工作进行评价、评议，指出不足和错误，同时提出改进方案的意见。

四、意见的写作格式

一般由标题、主送机关、正文、落款四部分组成。

（一）标题

意见的标题揭示全文的中心思想和行文的目的，由“发文机关 + 主要内容 + 文种”三部分组成，如《国务院关于支持山东深化新旧动能转换推动绿色低碳高质量发展的意见》。

（二）主送机关

直接发布的意见，要标注主送机关，主送机关的排列方式和一般公文相同。如果主送机关已标注在批转通知中，不再标注主送机关。上行意见和平行意见均有主送机关。下行意见一般应在开头写明主送机关，有时也可在版记栏注明主送机关。评价类意见可以省略主送机关。

（三）正文

一般由前言、主体、结语三部分组成。

1. 前言

写明发文原因。用概括的语言写明意见的背景、依据、目的、意义等，陈述“为何提意见”或“为什么发布实施意见”等。然后常用“现提出如下意见”“特制定本处理办法”“现提出如下实施意见”等过渡语，转入主体部分。

2. 主体

阐述见解办法。见解办法是意见的核心部分，主要是对有关问题阐明观点、表明态度，提出相关的见解、建议，或规范性的解决办法。这部分既要交代政策，讲明道理，又要便于操作和监督，写法上大多采用条文形式。

3. 结语

提出希望、要求。意见的结语部分可根据不同的种类灵活处理，如上行文的意见，可写成“以上意见如无不妥，请批转”；平行文的意见，可写成“以上意见，供参考”；下行文的意见可以提要求、发号召，也可省略结尾。

（四）落款

一般情况下，意见都有落款。在正文右下方写明发文机关和成文时间。

五、意见的注意事项

（1）意见是就贯彻执行上级精神提出带有宣传、引导、说明、阐释意义的指导性文件，语气要相对缓和，不应使用命令性的强制口气。

（2）意见中较多使用说理的表达方式，但说理要求简明，不应用写论文或宣传材料的手法做全面论述。

（3）意见大多就现实工作中出现的新情况、新问题，经过调查研究，提出解决问题的思路和办法。因此，意见的写作要注意选题，深入调查研究，掌握第一手资料。

六、意见的范例

（一）指导性意见范例

国务院办公厅关于全面推进基层政务公开
标准化规范化工作的指导意见

国办发〔2019〕54号

各省、自治区、直辖市人民政府，国务院各部委、各直属机构：

基层政府直接联系服务人民群众，是党中央、国务院决策部署的重要执行者。全面推进基层政务公开，对于坚持和完善基层民主制度，密切党和政府同人民群众联系，加强基层行政权力监督制约，提升基层政府治理能力具有重要意义。近年来，各地区、各部门不断深化基层政务公开，100个县（市、区）积极开展基层政务公开标准化规范化试点工作，着力解决基层政府存在的公开随意性大、公开内容质量不高、公开平台不统一、解读回应不到位、办事服务不透明等问题，形成了一批可复制可推广的经验做法。为转化推广试点成果，全面推进基层政务公开标准化规范化工作，经国务院同意，现提出如下意见。

一、总体要求

（一）指导思想

……

（二）基本原则

……

（三）工作目标

到2023年，基本建成全国统一的基层政务公开标准体系，覆盖基层政府行政权力运行全过程和政务服务全流程，基层政务公开标准化规范化水平大幅提高，基层政府政务公开工作机制、公开平台、专业队伍进一步健全完善，政务公开的能力和水平显著提升。

二、主要任务

（四）全面落实试点领域标准指引

……

（六）规范政务公开工作流程

基层政府要构建发布、解读、回应有序衔接的政务公开工作格局，优化政府信息管理、信息发布、解读回应、依申请公开、公众参与、监督考核等工作流程，并建立完善相关制度。探索将政务公开事项标准目录、标准规范嵌入部门业务系统，促进公开工作与其他业务工作融合发展。

……

（十一）推动基层政务公开标准化规范化向农村和社区延伸

……

三、保障措施

（十二）加强组织领导

……

（十四）加强监督评价

……

国务院办公厅

2019年12月26日

（来源：中国政府网）

【范例评析】这是一篇下行指导性意见，全文用总分式结构，导语总起之后正文分述。正文有两个层次，第一层次分为总体要求、主要任务、保障措施三部分；第二层次用“串糖葫芦”式，分列十四条写作，结构清晰，便于理解、推行。本则意见主要阐述开展全国基层政务公开标准化规范化工作的基本思想、原则、任务，从宏观、把握主体方向的角度指导工作开展，对具体工作不展开论述和要求。

（二）实施性意见范例

能源领域深化“放管服”改革优化营商环境实施意见

国能发法改〔2021〕63号

为贯彻党中央、国务院关于深化“放管服”改革决策部署，落实《优化营商环境条例》，深入推进能源领域“放管服”改革，着力培育和激发市场主体活力，现提出以下实施意见。

一、持续深化行政审批制度改革

…………

二、切实加强能源领域科学监管

…………

三、推进政务服务标准化规范化便利化

…………

四、优化营商环境培育和激发市场主体活力

…………

五、创新推动能源低碳转型

…………

六、组织实施

…………

国家能源局

2021 年 × 月 × 日

（来源：国家能源局官网）

【范例评析】这是一篇实施性意见，实施意见同指导意见一样都是下行意见，但比指导意见更具体，类似于实施方案。此文结构层次简单，从行政审批制度改革、加强能源领域科学监管等五个方面提出具体措施、办法、步骤等具体内容，并明确组织实施工作，结构简单、内容清晰、工作具体，便于下级有关单位实施。

（三）规划性意见范例

××市人民政府办公厅关于

推进实施××新区发展总体规划的意见

×政办发〔20××〕××号

各区、市人民政府，××新区管委，市政府各部门，市直各单位：

根据省政府《关于同意××新区发展总体规划的批复》（文号）和省发展改革委《关于印发××新区发展总体规划的通知》（文号），为推进规划全面实施，实现××新区创新发展、率先发展、跨越发展，加快新旧动能转换，不断增强辐射带动作用，经市政府同意，现提出如下意见。

一、总体要求

（一）基本原则

……

（二）发展目标

力争到 2022 年，××新区形成新动能主导经济发展的新格局，经济总量位居全国国家级新区前列，地区生产总值达到 4500 亿元左右，年均增速 12% 左右；海洋生产总值占 GDP 比重年均提高 1 个百分点，达到 33% 左右；港口货物吞吐量突破 5.5 亿吨，集装箱吞吐量达到 2000 万标箱；外贸进出口总额超过 250 亿美元；常住人口达到 240 万左右；率先全面建成较高水平小康社会，向基本实现现代化迈进。

二、加快新旧动能转换，构建蓝色高端产业新体系

……

三、实施创新驱动战略，建设海洋科技自主创新领航区

……

九、建立完善规划实施保障机制

（三十一）强化指导，狠抓落实

（三十二）分步实施，阶段推进

（三十三）动态监测，年度评估

……

（以下内容略）

××市人民政府办公厅

20××年×月×日

（来源：某市政府官网）

【案例评析】这是一篇某市政府办公厅对推进新区发展建设的规划性意见，属于下行意见。此文结构简单，正文结构只有两个层次，第一层次分为总体要求、建立完善规划实施保障机制等九个部分；第二层次用分列三十三条写作。主要内容是对高端产业、科技创新、改革试点等七大块内容做系统性、长期性的规划，指示了未来一个时期内工作的要点、原则和努力方向。

（四）建议类意见范例

××市公安局××分局

关于进一步强化社区警务工作的意见

市公安局：

在刚刚过去的一年，我分局在市局的正确领导下，立足于建立打防控一体、警企民联动的治安防范体系，大力推进社区警务战略，全面强化基础工作和队伍建设，突出解决让人民不满的问题。特别是通过警力的整合、阵地的迁移、打防布局的调整和民力资源的开发，切实提高了对社会治安的控制能力，初步实现了市委提出的“社会治安要打翻身仗”的目标。

新年伊始，万象更新，公安工作任重道远。作为××市管辖区域面积最大、人口最多、地理位置最为重要的龙头分局将如何把握机遇，迎接挑战，与时俱进，是摆在我们面前的现实条件。

……

一、当前人口管理方式的不足之处

（一）时效性不强。……

（二）警力损耗问题突出。……

二、调整人口管理方式的设想及可行性

（一）改变现有人口管理方式。……

（二）扩大责任区民警的管理户数。……

（三）增设派出所领导下的巡防警和治安警。……

（四）对派出所领导下的各警种实行捆绑式考核。……

……

××市公安局××分局

20××年×月×日

（来源：某市政府官网）

【范例评析】这是一篇建议类意见，属于上行意见。本文结构简单、条例清晰，就如何进一步强化社区警务工作问题表明见解，进行精当而切实的阐述，并提出了具体处理方法，供上级参考。首先对过去一年工作进行扼要回顾，明确新一年工作的主要任务后，转入主体部分。主体部分为两大层次，一是实效性不强和警力损耗两个方面阐述当前管理不足之处，二是针对所存在的问题，提出了四条解决办法，理据充分，富有说服力。

（五）具体工作意见范例

全国工商联关于引导服务民营企业做好
碳达峰碳中和工作的意见

全联发〔2022〕4号

为深入贯彻落实党中央、国务院关于碳达峰、碳中和的重大战略决策，引导服务民营企业实现绿色低碳发展，根据《中共中央、国务院关于完整准确全面贯彻新发展理念做好碳达峰碳中和工作的意见》和国务院印发的《2030年前碳达峰行动方案》，结合工作实际，制定本意见。

一、民营企业要加快绿色低碳转型发展

……

二、各级工商联要加强引导服务

……

三、积极发挥商会作用

……

各级工商联、商会和广大民营企业要高度重视碳达峰、碳中和工作，切实加强组织领导，认真抓好本意见的贯彻落实。各省级工商联每年要将贯彻落实工作情况形成报告报全国工商联。

中华全国工商业联合会

2022 年 1 月 27 日

（来源：中华全国工商业联合会官网）

【案例评析】这是一篇全国工商联就做好碳达峰、碳中和工作提出意见的下行文。该文结构简单，涉及内容比较具体，主要分为三部分内容，对民营企业加快绿色低碳转型发展、各级工商联加强引导服务、各级商会作用等工作提出具体的工作要求、工作目标和可操作性的办法、措施等。

（六）评价性意见范例

××医科大学附属第三医院

工程环境挡土墙结构安全性鉴定意见

一、基本情况

委托单位：××市高级人民法院

委托鉴定事项：因经济纠纷，造成“××医科大学附属第三医院工程项目”闲置多年，其周边环境挡土墙结构未经验收便投入使用。为确保挡土墙结构安全，××市高级人民法院委托对其进行安全性鉴定。

受理日期：20××年×月。

鉴定材料：司法鉴定委托书（××市高级人民法院）

鉴定日期：20××年×月—×月。

鉴定地点：××市××区××镇。

在场人员：××市高级人民法院法官及××市建设工程质量检验测试中心×××、×××、×××。

二、检案摘要

……

三、鉴定依据

1. 鉴定委托书

2.《建筑地基基础设计规范》（GB 50007-2002）

……

四、现场调查与检测

受理委托后，×× 市建设工程质量检验测试中心派出工程技术人员，于 20×× 年 × 月 –× 月对“×× 医科大学附属第三医院工程”周边环境挡土墙结构进行了实地勘察。情况汇总如下。

1. 挡土墙结构调查

2. A 段挡土墙

……

五、挡土墙结构安全性分析

……

六、鉴定意见

通过对 ×× 医科大学附属第三医院周边环境边坡支护挡土墙结构的调查、勘察、测量和检测，结合对现场收集的各类信息的综合而分析，鉴定结论如下：

1.……

2.……

七、附件

1.……

2.……

×× 市建设工程质量检验测试中心

×××× 年 × 月 × 日

【范例评析】这是一篇由专业机构提供的工程环境挡土墙结构安全性的鉴定意见，属于评价类意见的范畴，具有一定的代表性、专业性和规范性。全文分基本情况、检案摘要、鉴定依据、现场调查与检测、挡土墙结构安全性分析、鉴定意见和附件七个部分，构成完成、严密的逻辑体系，通篇用事实、数据和图标说话，以国家相关规范标准为依据，得出的结论客观、公正、专业。

第八节 通 知

一、通知的概念

通知适用于发布、传达要求下级单位执行和有关单位周知或执行的事项，批转、转发公文。通知是向特定受文对象告知或转达有关事项或文件，让受文对象知道或执行的下行公文，是党政机关、企事业单位使用频率最高、适用范围最广的一个文种。

二、通知的特点

1. 广泛性

通知应用广泛，使用频率高，不受内容制约，既可用来传达指示、布置工作、发布规章、批转或转发文件、任免干部等，也可用于知照一般事项；作者广泛，不受机关性质、级别的限制。

2. 指导性

通知发布规章、传达指示、布置工作、转发文件，都发挥着较强的指导作用。

3. 时效性

通知所要求办理的事项，都有比较明确的时间限制。

三、通知的分类

（一）指示性通知

指示性通知用于上级机关指示下级机关如何开展工作。该类通知的内容具有指示性或指导性，要求下级机关贯彻落实。

（二）发布性通知

发布性通知适用于公布本单位规章制度和政策性较强的细则、办法、规定、报告、实施方案等。告知具体事项，提出指导性意见。

（三）批转、转发性通知

批转性通知是指“批准、转发”，带有指示性和指导性，在上级机关转发下级机关公文时使用。如下级机关的总结、报告等对全局有指导意义，批转后推动工作；下级机关的建议、意见，经上级机关转发后，就代表了上级机关的意见。

转发性通知用于转发上级机关和不相隶属机关的公文给所属机关，让他们周知或执行。

这类通知是复合体公文，被批转、转发的内容，应全文附在通知正文之后，但不作为附件处理，而是正文的组成部分。

（四）事务性通知

事务性通知用于日常工作中带事务性的事情，常把有关信息或者要求用通知的形式传达给有关机构或群众。常用的有会议（培训）通知、成立机构通知、任免通知等。

四、通知的写作格式

（一）通知的标题

通知的标题一般采用公文标题的常规写法，由发文机关、主要内容和文种组成。也可以省略发文机关，由主要内容、文种组成标题，如《××关于印发〈规范国有土地租赁若干意见〉的通知》。

发布规章的通知，所发布的规章名称要出现在标题的主要内容部分，并使用书名号。批转和转发文件的通知，所转发的文件内容要出现在标题中，但不一定使用书名号，如《国务院办公厅转发教育部等部门关于进一步加快高等学校后勤社会化改革意见的通知》。

（二）通知的主送机关

通知的发文对象比较广泛，因此主送机关较多。由于级别、名称不同，主送机关的称法和排列非常复杂，所以标注主送机关时要注意排列的规范性。

（三）通知的正文

1. 通知缘由

发布指示、安排工作的通知，这部分的写法与决定、指示很接近，主要用来表述有关背景、根据、目的、意义等。可以采用根据与目的相结合的开头方式；也可以采用“为了”引领的“目的式”开头方式，一般用较为简练的语言和篇幅，简要介绍发出通知的背景和目的，必要时可简略分析形势及论述发出通知的必要性和重要性。

批转、转发、发布类通知，根据具体情况，可以在开头表述通知缘由，但多数以直接表达转发对象和转发决定为开头，无需说明通知缘由。

发布规章的通知，多数情况是篇段合一，无明显的开头部分，一般也不交代通知缘由。

2. 通知事项

这是通知的主体部分。所要安排的工作、指示、提出的方法、措施和步骤等都在这一部分中有条不紊地进行组织和表达。该部分内容要明确、具体，便于下级执行，一般采用条文式，分段分条列项叙述。根据内容需要和通知事项的逻辑关系，逐条明确工作任务、执行要求、具体措施、注意事项等。

指示性通知着重对通知要求进行详细说明，注重原则性与具体性的结合。发布性通知一般有两种写法：一种是直述印发的文件全称、发布依据、实施时间、发布方式和执行要求，如印发本机关制定的规章制度通常采用这种方式；另一种写法是开头简述印发通知的根据、原由或目的，之后表述文件全称、发布方式，并提出执行要求，必要时可强调通知事项的重要性。批转、转发性通知一般比较简短，格式相对固定，如“现将《××××关于××××》转发给你们，请结合实际认真贯彻执行”。事务性通知通常由具体任务、执行要求等组成，会议通知也属于事务性通知的一种，但事项写法与一般事务性通知有所不同，要写明会议的时间、地点、需准备的材料等。

3. 通知要求

发布指示、安排工作的通知，可以在结尾处提出贯彻执行通知的有关要求，但如无必要，可以没有这一部分。

其他篇幅小的通知，一般不需要有专门的结尾部分。

五、通知的注意事项

（1）通知标题一般要求“三要素”（即发文机关、事由、文种）齐全，令人一看标题就知道是通知什么事情或要求做什么事情。有些机关简单地使用“通知”作标题，这是不确切的，应尽量避免，更不应提倡。

（2）一般情况下，通知都有主送机关，受理对象明确。有的通知往往不写被通知单位，这是不妥当的。但任免通知可以没有主送机关。

（3）如果所通知的事项需要被通知的单位尽快知道，可在“通知”之前加“紧急”

二字，这就是常见的“紧急通知”。

六、通知的范例

（一）指示性通知范例

××能源监管办关于进一步做好发电安全生产有关工作的通知

国网××省电力有限公司，××省能源集团有限公司，华能、大唐、华电、国家能源、国家电投集团××分公司，普星能量有限公司，各有关电力企业：

今年以来，全国发电生产领域事故多发，安全生产形势较为严峻。近期，国家能源局下发了《关于进一步做好发电安全生产工作的通知》(以下简称《通知》)，通报了今年以来9起发电安全事故，指出了存在的问题，并提出了进一步做好发电安全生产工作的有关要求。《通知》中通报的第一起安全事故就是××电厂事故，在全国电力行业内产生了较大的影响。近日，我办约谈了××集团主要负责人。为深刻汲取事故教训，认真落实好《通知》要求，进一步提升我省发电安全生产水平，有效防范安全事故发生，现提出如下要求，请认真贯彻落实。

一、认清形势，切实做好《通知》的贯彻落实工作

（略）

二、查找不足，持续提升安全风险管控能力

（略）

三、隐患排查，有效防范各类安全事故发生

（略）

四、管控外包，确保外包工程风险可控在控

（略）

国家能源局××监管办公室

××××年×月×日

【范例评析】这是一篇用于上级指导下级开展工作的指示性通知。开头精炼概括地交代发布通知的严峻背景、示例概况和指示目标，并用过渡语开启下文。具体要求事项为通知的主干部分，分点式明确交代工作任务，条理清晰，主次分明、具体可行，便于下级单位领会、理解和贯彻执行。

（二）发布性通知范例

×× 市人民政府

关于印发 ×× 市深化数字政府建设实施方案的通知

× 政函〔202×〕68 号

各区、县（市）人民政府，市政府各部门、各直属单位：

现将《×× 市深化数字政府建设实施方案》印发给你们，请结合实际，认真组织实施。

×× 市人民政府

202× 年 × 月 × 日

【范例评析】这是一篇用于公布政府政策性较强的深化数字政府建设实施方案的发布性通知。标题由发文机关、方案名称、文种构成。正文简洁无引言，直接点明发布的内容，并提出具体明确要求。根据印发类公文的格式要求，《×× 市深化数字政府建设实施方案》属于正文内容，另页编排。

（三）批转、转发性通知范例

×× 市人民政府办公厅转发市房管局关于历史文化街区和历史建筑保护工作若干意见的通知

各区人民政府，市政府各部门，各直属单位：

市房管局《关于历史文化街区和历史建筑保护工作的若干意见》已经市政府同意，现转发给你们，请遵照实施。

×× 市人民政府办公厅

×××× 年 × 月 × 日

【范例评析】这是一篇用于转发同级机关某工作意见的转发性通知，该通知类型行文一般比较简短，格式相对固定。被转发的公文《关于历史文化街区和历史建筑保护工作的若干意见》属于正文内容，另页编排。

（四）事务性通知范例

财政部关于开展政府采购意向公开工作的通知

各中央预算单位，各省、自治区、直辖市、计划单列市财政厅（局），新疆生产建设兵团财政局：

为进一步提高政府采购透明度，优化政府采购营商环境，根据《深化政府采购制度改革方案》和《财政部关于促进政府采购公平竞争优化营商环境的通知》有关要求，现就政府采购意向公开有关工作安排通知如下。

一、高度重视采购意向公开工作

推进采购意向公开是优化政府采购营商环境的重要举措。做好采购意向公开工作有助于提高政府采购透明度，方便供应商提前了解政府采购信息，对于保障各类市场主体平等参与政府采购活动，提升采购绩效，防范抑制腐败具有重要作用。各地区、各部门要充分认识此项工作的重要意义，高度重视、精心组织，认真做好采购意向公开工作。

二、关于采购意向公开工作推进步骤

（略）

三、关于采购意向公开的主体和渠道

（略）

四、关于采购意向公开的内容

（略）

五、关于采购意向公开的依据和时间

（略）

六、工作要求

（略）

附件：政府采购意向公开参考文本

财政部

××××年×月×日

【范例评析】这是一篇用于日常事务性工作传达的事务性通知。开篇介绍通知背景，正文主体部分明确工作步骤、工作内容、节点安排、工作要求等，该通知紧紧围绕核心工作部署，完全遵循事务型通知的写作要求，条理清楚，指导性强，利于通知内容的落实执行。

第九节　通　报

一、通报的概念

通报是适用于表彰先进、批评错误、传达重要精神和告知重要情况。

在表彰先进、批评错误方面，通报适用于一般性的表彰和批评，有别于奖惩性决定。通报重在通过典型事例教育群众，要注意掌握对事实评议的分寸，表彰与批评都不能过激过度。在传达重要信息（例如重要精神、重大情况等）方面，通报侧重信息性和知晓性，着眼于传达重要精神和情况，一般起到引导、警戒、启发、教育和沟通的作用。

通报一般归为下行文，但也有特殊情况，对于一些社会影响较大、引发公众关注的事件，发文机关可用通报行文，将事件的起因、经过、结果以及本单位的处置情况或明确态度告知公众，如警情通报、事件调查通报等。

二、通报的特点

通报具有真实性强、典型性强、告知性强、时效性强等特点。

（一）真实性强

表彰、批评和传达告知情况，要求准确无误，内容要核实事项、核清细节、核准数据，确保不失真失准，更不出现虚编假造情况。

（二）典型性强

通报的人物、事件或情况，不仅要选准典型，还要将其中的典型意义表述充分，这样才能增强通报的说服力和普遍指导意义，才有制发的必要。

（三）告知性强

通报的目的，是让大家掌握有关情况、要求和精神等，起到周知、警示、教育或者借鉴等作用，以统一思想行动。

（四）时效性强

通报是在特定时期和背景下，针对特定目的而产生的，抓住有利时机、及时通报，才能达到教育、宣传的目的。

三、通报的分类

根据通报内容的不同，可分为表彰性通报、批评性通报、情况通报三种。

（一）表彰性通报

与定义中的“表彰先进”相对应，用于表彰先进单位、先进人物的事迹，总结成功经验，宣传典型，树立榜样，并号召学习。通过以点带面，产生单个表彰、整体教育、全面提升的辐射效应。

（二）批评性通报

与定义中的“批评错误”相对应，用于批评错误、通报事故或反面典型、归纳教训、提出要求。所批评的错误可以是某一具体问题，也可以是经过综合加工而提出的倾向性问题，通过对典型案例剖析原因、提出警示，起到举一反三、引以为戒的作用。

（三）情况通报

适用于传达需要下级单位知晓的重要精神、工作情况、典型经验及做法，为工作提供参考和指导。用于反映典型性工作经验、做法及社会各种动态情况而使用的通报，有些单位印制了固定的红色版头，像制发简报那样制发情况通报。

四、通报的写作格式

（一）标题

标题通常有两种形式。一种是由发文机关名称、事由和文种组成，如《××市安全生产委员会办公室关于第×轮安全生产综合治理三年行动推进情况的通报》；另一种是由事由和文种构成，如《关于××××工作督查情况的通报》，这种形式的标题通常用在以“×××通报”作为专用文件头。

有少数通报的标题是在文种前冠以机关单位名称，如《中共××市纪律检查委员会通报》；也有的通报标题只有文种名称。

（二）主送机关

除普发性通报或在本单位内部公开张贴的通报外，其他通报应注明主送机关。主送机关即通报的受文机关。

（三）正文

通报正文一般分为前言和正文主体两部分。

开篇为前言，主要写发此通报的背景、原因、根据、目的等，点明通报对象、事件或问题，并在最后以“特通报如下”之类语句过渡到正文主体。

正文主体视通报的类型不同，写作的方法也不相同。

表彰性通报。一般有三个部分：一是概要叙述所要表彰的先进事迹或典型经验；二是分析先进或典型经验的意义，或提出学习先进事迹或典型经验的目的；三是发出向先进学习的号召，提出意见和要求。

批评性通报。要写明：一是错误事实，如错误情节、危害程度及有关数字等；二是错误性质，主要分析所犯错误的性质及其原因，或者应当吸取的教训；三是处理意见，要写明对错误的直接责任人所作出的处理，有的还可提出一些要求。

情况通报。要写明：一是所通报的是什么情况，如果内容较多，就须列出条目，明确交代；二是要写明发文机关的意见和要求，或者说明发此通报的目的。

（四）落款

如果标题已注明发文机关，则可只写发文日期。发文日期置于正文之后的右下方，也可加小括号置于标题下的正中。

五、通报的注意事项

（1）通报的内容要文字精练、简明扼要，但也不能一味求简，内容必须服从目的，做到备而不繁、详略得当。该交代事实经过的要交代清楚，该总结提炼之处要归纳概括。

（2）通报应当注意区分不同范围，做到内外有别。如果通报需对外发布，应当按照审慎性原则进行审查，充分考虑发布的风险因素，谨防随意公开造成不良影响。不宜公开的，要按规定准确界定知悉范围，或者对涉密敏感信息删节后予以公开。

（3）在社会治理、安全生产、公共卫生等领域，通报的情况往往具有紧急性，通报单位应当及时向有关方面或社会传达相关信息。对于一些持续性工作或事项，可以分阶段逐次通报，提高时效性。

六、通报的范例

（一）表彰性通报范例

中共 ×× 市委 ×× 市人民政府关于表彰新冠肺炎疫情防控一线
工作中表现突出先进集体和先进个人的通报

各县（市、区）委、人民政府，市直属各单位：

新冠肺炎疫情发生以来，我市广大党员干部尤其是医务工作者义无反顾冲在疫情防控第一线，为我市抗击疫情取得阶段性成果作出了重要贡献。为鼓舞士气、弘扬正气，市委、市政府决定，对在疫情防控一线工作中表现突出的 ××××× 等 ×× 个先进集体、××× 等 ×× 名先进个人予以通报表彰。

希望受表彰的先进集体和先进个人再接再厉，继续奋战。全市各地、各单位及广大党员干部要以先进为榜样，进一步提高政治站位，牢记初心使命，始终把人民群众生命安全和身体健康放在第一位，深入落实省委“两手都要硬、两战都要赢”部署要求，为坚决打赢疫情防控阻击战作出新的更大贡献。

附件：新冠肺炎疫情防控一线工作中表现突出先进集体和先进个人名单

中共 ×× 市委　×× 市人民政府

×××× 年 × 月 × 日

【案例评析】这是一篇对先进事迹、先进人物的表彰性通报，通报事项清晰明了，行文较为精简凝练。在开篇点明题旨，写明表彰的目的和取得的成绩，全文充分挖掘先进的典型意义和时代精神，结尾既包含对被表彰者的勉励和期望，又包括对各单位和党员干部的号召和希望，更有利于鼓励先进、学习先进、赶超先进。

（二）批评性通报范例

中共 ×× 县住房和城乡规划建设局党组
关于 ××× 工作纪律落实不到位的批评通报

局机关各科室、下属事业单位，各分局（所）：

×××× 年 × 月 ×—× 日，×× 县千人评机关中层科室和基层站所活动办公室组织人员对全县 ×× 家参评单位和 ×× 个乡镇行政服务中心进行明察暗访。× 月 × 日上午，县评议办在检查中发现 ××× 的 ××× 上班时间在办公室观看手机视频（连续剧）。

以上情况违反了《关于进一步严肃工作纪律的通知》（文号）的规定，说明×××工作纪律落实不到位。经研究，决定作出如下处理：

×××的××××年度绩效考核直扣×分；给予×××的×××通报批评并扣发5个月考绩奖，并从局机关调到基层分局所；给予×××的×××口头效能告诫，并按×××扣款总额的15%扣发考绩奖。且要针对上述问题进行整改，切实杜绝类似问题再次发生，整改报告于×月×日下午下班前上报×××。

各科室（单位）负责人要进一步认真落实“一岗双责”制度，要坚持抓早抓小，严格日常监督管理。全体干部职工以此为戒，要进一步统一思想、提高认识，始终把纪律和规矩挺在前面，严格遵守各项工作纪律，切实转变工作作风，扎实推进各项工作。

中共××县住房和城乡规划建设局党组

××××年×月×日

【案例评析】这是一篇对错误、反面典型的批评性通报，通报缘由明确、处分决定符合规定文件，行文较为简洁。开篇引出通报事项的背景，点明通报对象的违规行为，对错误事实的发生经过叙述清楚，并提出处理的目的和依据以及具体处理决定，段落顺序安排符合发现错误到改正错误的思维逻辑，达到警示教育目的。

（三）情况通报范例

××省自然资源厅办公室关于××××年度市县发证
采矿权实地核查工作抽查情况的通报

各市、县（市、区）自然资源主管部门：

为全面掌握各地采矿权实地核查工作开展情况，省自然资源厅委托××地质调查院，按照《××省国土资源厅办公厅关于做好省级发证采矿权实地核查工作有关问题的通知》（文号）具体要求，对××××年市、县登记发证的采矿权实地核查工作情况进行了抽查。现将有关情况通报如下。

一、基本情况

××××年全省市、县登记发证的新设采矿权共××宗，其中经营性采矿权××宗，工程性采矿权××宗。××地质调查院结合以往抽查情况和采矿权所在区域，抽取了××个地区的××宗经营性采矿权（占经营性采矿权的××%）进行了检查（详见表一）。

表一　××××年市、县登记新发证采矿权统计及抽查情况表

地区	新发证采矿权数	采矿权性质		抽查个数	抽查类型
		经营性	工程性		
××市	×		×		
××市	×	×	×	×	××××
××市					
××市	×	×	×	×	××××
××市					
××市	×	×	×	×	××××
××市					
××市	×	×	×	×	××××
××市	×		×		
总计	×	×	×	×	

通过本次抽查结果来看，全省采矿权实地核查工作开展情况总体较好，大部分地区都认真开展了采矿权实地核查工作，各采矿权界桩埋设基本符合要求，界桩复核实测坐标与申请划定范围坐标或采矿权证设定坐标较差符合要求，检测的控制点坐标较差符合要求，但仍然存在未组织开展采矿权实地核查、界桩埋设不规范、控制点缺失等问题。

二、存在的主要问题

（一）存在未组织开展采矿权实地核查工作的情况

（略）

（二）存在界桩埋设不规范的情况

（略）

（三）存在控制点缺失情况

（略）

（四）存在坐标系统未转换的情况

（略）

（五）存在实地核查工作不规范的情况

（略）

三、下一步工作要求

（一）进一步重视采矿权实地核查工作，严肃对待检查发现的问题

（略）

（二）进一步规范采矿权实地核查承担单位的委托筛选工作

（略）

（三）进一步规范矿区界桩及控制点的埋设工作

（略）

（四）进一步落实2000国家大地坐标系的转换工作

（略）

（五）认真做好抽查发现问题的整改工作

（略）

附件：市县发证采矿权实地核查工作抽查情况表

××省自然资源厅办公室

××××年×月×日

【案例评析】这是一篇情况通报，目的是让下级单位知晓工作情况。结构清晰，为工作提供参考和指导。开篇简单介绍工作目的和背景后，采用“现将结果通报如下”转入下文，从基本情况、存在的主要问题、下一步工作要求三个维度，将相关工作情况通报下级单位。全篇结构完整，符合通报的通用写法，利于统一思想、推动工作更好开展。

第十节　报　告

一、报告的概念

报告适用于向上级机关汇报工作、反映情况，回复上级机关的询问。报告是上行文，是规范性公文中使用频率极高的一种陈述性公文。

二、报告的特点

（一）行文方向的单向性

下级机关向上级机关单向行文，为上级机关宏观把握指导下级机关工作提供参考依据，一般不需要受文机关的批复，属于单向行文。

（二）行文行为的事后性

“事前请示、事后报告”，多数报告都是在事情做完或发生后，向上级机关作出汇报，是事后或事中行文。

（三）行文语言的陈述性

主要是摆事实，内容以陈述为主，讲述做了什么或工作是怎样做的，工作的具体情况、存在问题、今后打算和建议，采用叙述方法陈述其事。

三、报告的分类

（一）工作情况类报告

汇报工作类报告，侧重于陈述工作的开展情况及主要做法，有时也包含工作经验和存在的问题等；反映情况类报告，侧重于报告日常工作中出现的新情况、新问题，具有较强的信息性，以便上级单位及时了解情况，并作出决策；应急处置类报告适用于遇有特殊情况、紧急事件，或在安全稳定重要防护期，按照应急处置规定或上级单位要求，及时报告阶段性的情况，有助于上级单位掌握事态发生、发展总体情况，对相关事件作出有效的评估和决策；调查类报告适用于就行风监督、信访维稳、投诉举报等方面进行调查后作出调查情况报告；贯彻落实类报告适用于报告本单位学习贯彻上级重要会议或专题会议精神情况。

（二）例行性报告

适用于按照上级单位或主管部门要求，定期报送综合计划建议、年度预算、工作（活动）方案、工作月报、工作季报等材料；也适用于下级单位向上级部门报送文件或物件时使用。该类报告通常正文简略，概述发文依据及工作开展简况即可，真正的重头戏和有意义的内容，则在报送的附件内呈现。

（三）答复性报告

答复性报告为被动报告，适用于答复上级单位询问、交办事项，或在上级单位以通知文种征求意见时使用。答复情况可作为附件处理。

四、报告的写作格式

（一）标题

由制发机关、事由和文种三部分组成，如《××××关于第一季度经济发展情况的报告》。若内容紧急，应在标题中的报告前标注“紧急”字样。

（二）主送机关

发文单位上级机关或业务主管部门。

（三）正文

报告的基本结构包括引据、主体、结语三部分。

（1）引据：阐述撰写报告的背景、缘由、依据，说明报告的目的、主旨。用“现将有关情况报告如下”等惯用语转入下文。

（2）主体：叙述、说明报告的具体内容。要求重点突出、文字简练，观点鲜明、材料真实。

（3）结语：使用习惯性用语，如“特此报告”“现予上报，请审阅”等。报告属于陈述性上行公文，不得夹带请示事项，切忌出现“请审批”“请指示”“请批示”等表述。

正文如篇幅过长，应在正文适当部分简要概述基本情况，详细内容列为附件。

（四）落款

在正文右下方标注发文机关。

（五）成文时间

成文日期以负责人签发的日期为准，联合行文以最后签发机关负责人的签发日期为准。

五、报告的注意事项

（1）报告是典型的上行公文，作为规范性公文的报告必须有明确的受理机关。报告原则上应只报送一个直接上级机关或主管部门，必要时可抄送有关的上级机关或业务部门。除有特殊要求者外，报告原则上不直报领导者个人，不应多头主送。有特殊规定的，报告抬头方可采取“×××并×××”的形式发送。多个机关联合行文报告的事项，原则上应报上级主办机关，其他送文单位可采取抄送的形式。

（2）报告的主要内容是向上级机关、主管部门汇报工作、报告情况、介绍经验，文风要平实，反映情况要客观，文字表述不可过多地堆砌修饰性用语。忌文过饰非，目的是让上级机关、主管部门通过报告了解真实情况，以便作出科学决策，指导下一步的工作。

（3）对于报告内容，不限篇幅，不应含请求事项。报告后，无需等待回复。

（4）在公文处理的实践中，用报告代替请示、用报告代替函是文种使用混乱的突出问题，需要区别清楚。

六、报告的范例

（一）工作情况类报告范例

关于湖北、湖南、江西、安徽省
平垸行洪、退田还湖、移民建镇进展情况的报告

国务院：

遵照国务院领导关于加强检查督促、认真总结经验的指示，6月1日～13日，我委组织调研组分赴湖北、湖南、江西、安徽省11个地（市）的22个县（区、市），现场考察了平垸行洪、退田还湖、移民建镇情况，走访了已经搬入新居的移民。现将有关情况报告如下：

一、工作进展情况

此次安排平垸行洪、退田还湖的圩垸，基本上是1998年洪水冲溃的沿江或湖区圩皖，其中不少圩境三年两溃，群众深受水患之苦。去年洪灾过后，党中央、国务院作出平垸行洪、退田还湖、移民建镇的决策，体恤民情、顺乎民意，立足于长治久安，有关省各级政府和广大群众积极响应、狠抓落实，是这项艰巨工作在短时间内取得明显成绩的关键因素。按照国务院批准的平垸行洪、退田还湖、移民建镇实施方案，经过各方面的努力，目前湖北、湖南、安徽省移民新建住房开工率已达90%，具备入住条件的住房户数占应移民总户数的近80%，其中大多数已搬入新居；江西省任务最重，需迁移户数约占4省总数的一半，目前开工率为77%，具备入住条件的比例为62%。大部分移民安置点基础设施做到了简易配套，基本解决了通路、通电、供排水、就医及中小学生就学等问题。移民生计得到初步安排。在退人不退耕的圩垸，绝大部分移民户仍在原地耕种。从既退人又退耕的“双退”圩垸迁移出的农户，大部分在安置地重新承包了耕地；一些有意愿又有能力的移民户已从事养殖业，或转型于第二、第三产业，或到城镇务工经商。

二、主要做法和工作体会

湖北、湖南、江西、安徽省（以下简称4省）移民建镇工作能在短短8个月中取得显著进展，有一些成功的做法和经验。

（一）各级党委和政府强有力的领导，保证了移民建镇工作顺利进行。党中央、国务院关于平垸行洪、退田还湖、移民建镇的决策正确，决心大。国务院领导同志在现场调查研究的基础上，与4省协商确定的目标、政策明确，地方各级党委政府高度重视，主要领导亲自过问，对出现的新情况、新问题，及时召开会议专题研究解决。各省均成立了专门领导小组，把这项工作作为全心全意为人民服务的重大政治任务来完成；有关地（市）、县（区、市）和乡镇把这项工作视为讲政治的集中体现，党政主要领导挂帅组建移民建镇指挥机构，确保政令统一、步调一致、任务落实。

（二）有关部门思想统一、密切协作，提高了工作效率。（略）

（三）群众理解、支持和参与程度高。（略）

（四）科学规划、精心组织、严格管理，确保移民建镇质量。（略）

（五）及时出台必要的配套政策。（略）

（六）严格管理，确保国家补助资金发挥最大效益。（略）

特此报告。

国家计委

××××年×月×日

（联系人：×××；联系电话：××××××）

【范例评析】这是一篇常规工作汇报的工作情况类报告。开篇一段交代报告的背景，为下面报告做好必要铺垫。然后在“工作进展情况”中用移民住房开工率、具备入住条件的住房户数占应移民总户数等4个数据突出说明4省移民工作取得的成绩；在“主要做法和工作体会”中概括了短短8个月中取得显著进展的6点成功做法和经验。报告对工作基本情况、主要做法和成绩、采取的办法措施和产生的效果等都有详细阐述，充分展现了工作成效。

（二）例行性报告范例

国网×××供电公司关于“十三五”电网发展

和2020年工作情况的报告

×××市人民政府：

2020年，国网×××供电公司（以下简称“公司”）坚决贯彻市委、市政府决策部署，紧扣忠实践行“八八战略”、奋力打造“重要窗口”模范生的主题主线，在疫情防控大战大考中践行了初心使命，在服务社会发展大局和人民美好生活需要中彰显责任担当，奋力推进公司和电网高质量发展，努力提供更安全、更经济、更清洁、可持续的电力供应，圆满完成了市委市政府部署的各项工作任务。现将《国网 ××× 供电公司关于“十三五”电网发展和 2020 年工作情况的报告》予以上报，请审阅。

附件：国网 ××× 供电公司关于“十三五”电网发展和 2020 年工作情况的报告

单位署名（印章）

×××× 年 × 月 × 日

（联系人：×××；联系电话：××××××）

【范例评析】这是一篇例行性报告，是发文单位按工作制度向上级报送年度总结时在其前面加一个说明报送情况的文件。报告的正文虽简短，却对材料产生的背景和报送材料的名称等简要介绍，起到提纲挈领的作用，明确了发文机关的行文目的。

（三）答复性报告范例

×× 市人民政府关于解决 ×× 市水污染问题的报告

国家环保总局：

国家环境保护总局办公厅《关于尽快解决 ×× 市水污染问题的函》（环办函〔2004〕381 号）收悉。市政府十分重视，市长 ×××、副市长 ××× 听取了市建委、市环保局等部门关于我市城区地表水污染和污水处理情况的汇报，并组织召开专题会议对该问题进行讨论和研究。会议认为，总局提出的水污染问题，是我市亟待解决的问题，城市污水处理厂建设是我市城市建设的重要任务，必须加快进程。现将我市城市污水处理及城区地表水污染治理有关情况向总局报告如下。

一、关于城市生活污水处理率

目前，×× 市共有 4 个污水处理厂，分别是日处理能力 39 万吨的北郊污水处理厂、日处理能力 15 万吨的西郊污水处理厂、日处理能力 2.5 万吨的双阳污水处理厂和日处理能力 2.5 万吨的一汽污水处理厂。其中，日处理能力最大的北郊污水处理厂为一级处理。

按照国家环保总局《关于调整〈国家环境保护模范城市考核指标〉及实施细则的通知》（环办〔2002〕132 号）和总局《关于印发〈“十五”期间城市环境综合整治定量考核指标实施细则〉的通知》（环发〔2001〕161 号）要求，城市生活污水处理率一级处理水量不再纳入计算。因此，×× 市城市生活污水处理率由 2001 年底的 53.42%，分别下降至 2002 年的 7.48% 和 2003 年的 10.86%。另外，2003 年，×× 西郊污水处理厂和双阳污水处理厂区域排污管网未全部截流，两个污水厂未达到设计处理能力，因此，×× 市城市生活污水处理率仅为 10.88%。

二、关于北郊39万吨污水处理厂停运问题

××北郊污水处理厂由香港汇津公司与××市排水公司合作经营，冠名为××汇津污水处理有限公司（以下简称汇津公司）。北郊污水处理厂因汇津公司与××市排水公司发生合同争议，汇津公司擅自于今年2月26日起全面停运。

此事发生后，市政府非常重视，×××市长、×××副市长专门向总局×××局长汇报，得到了理解和明确批示。市环保局对汇津公司下发了《关于责令××汇津公司污水处理有限公司限期恢复北郊污水处理厂正常运行的通知》（长环保〔2004〕6号）、《关于对××汇津污水处理有限公司的处罚决定》（长环保〔2004〕7号）和《关于要求××汇津污水处理有限公司尽快落实国家和××省整治违法排污企业有关规定的通知》（长环保〔2004〕49号），要求汇津公司无条件恢复运行，同时处以罚款5万元。××市排水公司作为合作方，为防止污水处理厂停运造成下游水体污染，向政府提交了《关于组织恢复北郊污水处理厂生产运行的报告》。经多方协商，北郊污水处理厂于今年5月1日已恢复生产运行。

三、城区地表水污染综合治理进展情况及污水处理厂建设规划

市政府为彻底解决××市地表水污染治理问题，2003年，市政府成立了地表水综合治理办公室，将有关任务分解落实到市建委、环保局、规划局、水利局、园林局，法制办、水务集团和城开集团等8个部门和单位，各责任部门又将各自承担的办理任务进一步细化分解，落实到人头。一年来，主要完成了以下几方面工作。

第一，完成了城区水体污染现状调查，对城区排水管网、污水吐口、主要污染源、各公园水体状况等进行了全面摸底调查。（略）

第二，实施南湖公园、儿童公园、动植物园水体综合治理工程和伊通河中段污染治理工程。（略）

第三，做好城市污水处理厂规划、建设准备工作。（略）

四、城市污水处理厂建设主要落实措施

（一）明确分工，落实责任（略）

（二）采取市场化运作方式，多渠道筹集建设资金（略）

（三）加强行政监管，实行特许经营（略）

（四）巩固成果，进一步提高城市环保水平（略）

总之，我们一定要加快城市污水处理厂建设步伐，尽快提高×××市城市污水处理率，增加水污染物排放环境容量，为我市振兴×××老工业基地建设提供更多发展空间。

××市人民政府

××××年×月×日

（联系人：×××；联系电话：××××××）

【范例评析】这是一份答复性报告。报告的开头首先说明收到函件情况，明确了答复性报告的主题。该报告紧紧围绕主管部门所提的关于尽快解决 ××× 市水污染问题进行写作，做到了答其所问，完全遵循了答复性报告写作的基本要求，是此类报告写作的核心。该报告对事件的起因、发展、现状等，以及事件处理的政策法规等依据和调查核实的情况、下步拟采取的措施或建议都有针对性阐述，语言精练、条理清楚。尾语采用加快解决问题的表述进行了表态性说明。

第十一节 请 示

一、请示的概念

请示适用于向上级机关请求指示、批准，属于上行文。本机关无权、无力决定和解决的事项应向上级请示，而上级则应及时回复。

二、请示的特点

（一）行文主体间关系的特定性

发文主体和受文主体之间应具有隶属关系或业务指导关系。原则上主送一个主管的上级机关即有隶属关系的直接上级机关。必须逐级请示，不得越级行文。特殊情况需越级请示的，应抄送被越过的有隶属关系的上级机关。

（二）行文客体的特定性

本机关（单位）无权处理、无法解决的问题，都可行文请示：一是对有关政策和法律法规不明确，有待上级明确的问题；二是工作中发生了重大问题或没有相关规定，难以处理，希望上级机关给予指示的问题；三是工作中遇到困难，需要上级机关帮助解决的问题；四是因本地区、本系统、本单位情况特殊，难以执行统一规定，需要请示批准后变通处理的问题；五是本机关职权范围内不能决定、有待上级机关批准的问题；六是与其他机关意见分歧，无法统一，要求上级裁决的问题。

（三）行文行为的专项性、事前性

请示应当一文一事，请示的制发时间在所请示事项的办理之前，不能先斩后奏。

（四）行文效力的确定性

无论同意与否，上级机关都有义务给予答复。

三、请示的分类

（一）请求指示的请示

适用于下级单位对上级单位有关政策、规定中未明确的问题或工作中遇到的难以把握的问题，请求上级单位予以答复或指示时拟写的公文。这类请示应把问题的焦点、难点、矛盾点以及需请上级单位作出答复或指示的问题表述清楚，同时还应将本单位有关意见一并上报，以便上级单位了解全面情况作出回复。

（二）请求批准的请示

适用于下级单位拟开展某项工作，但批准权限在上级单位，需要上级单位批准或审定而拟写的公文。这类请示的拟写重点应放在申述理由，阐述重要性、必要性和可行性上，要注意理由充分，报批方案（请示事项）明确，支撑材料要齐全、完整。

（三）请求协调解决问题的请示

适用于下级单位在工作中遇到新情况、新问题，或因条件限制自身难以解决的有关问题，需要上级单位予以协调或解决时拟写的公文。这类请示重点要写好事由和请求解决的问题两部分。拟写时，事由要条理清晰、理由充分；请示事项要合情合理，并有解决问题的设想和明确意见。

四、请示的写作格式

请示一般由标题、主送机关、正文、落款和附注五部分组成。

（一）标题

请示的标题由发文机关名称、事由和文种构成，如《××省人民政府关于××××××的请示》。

（二）主送机关

请示的主送机关是指负责受理和答复该文件的直属上级机关。每件请示只能写一个主送机关，不能多头请示。

（三）正文

其结构一般由开头、主体和结语三部分组成。

1. 开头

主要交代请示的缘由，是请示事项能否成立的前提条件，也是上级机关批复的根据。请示的依据要客观、具体，理由要合理、充分，上级机关才好及时决断，予以有针对性的批复。

2. 主体

主要说明请求事项。它是向上级机关提出的具体请求，也是陈述缘由的目的所在。这部分内容要单一，只宜请求一件事。另外请示事项要表达具体、明确、条项清楚，以便上级机关给予明确批复。

3. 结尾

应另起段，习惯用语一般有“当否，请批示”“妥否，请批复”“以上请示，请予审批”或“以上请示如无不妥，请批转各地区、各部门研究执行”等。

4. 落款和成文时间

一般包括署名和成文时间 2 个项目内容，署名应加盖单位公章。

（四）附注

使用“请示”这一文种时，应有附注，在成文时间下一行居左空 2 字，加圆括号注明发文机关联系人的姓名和电话号码。

五、请示的注意事项

（1）请示的特殊要点：①不越级请示，不横向请示；②请示不应多头主送；③请示公文应一文一事，需等待批复；④请示件要有主报机关的明确意见；⑤请示的理由要充分，请示事项要具体；⑥请示件不下发。

（2）请示与报告的区别。一是从公文处理上，报告属阅件，请示属办件；报告一般不需要办理、回复，请示则应办理、批复，要有回音。二是从功能上，报告主要是向上级机关汇报情况、反映问题，供上级机关决策参考；请示则主要是请求上级机关给予指示、解决困难、答复问题。三是从内容上，报告的内容比较广泛，涉及的面可大可小，篇幅可长可短。请示则内容比较单一，一文一事，篇幅一般都不长。

六、请示的范例

（一）请求指示请示范例

×××省人民政府法制办公室

关于城市房屋拆迁补偿有关问题的请示

国务院法制办公室：

2003年，×××市人民政府（以下简称市政府）决定对×××市太阳岛地区进行综合整治改造。为了方便协调各方面工作，市政府成立了×××市太阳岛地区综合整治改造工程指挥部（以下简称太阳岛指挥部）。2003年2月，×××市土地收购储备中心（以下简称土地储备中心）和太阳岛指挥部取得了太阳岛地区部分区域的《房屋拆迁许可证》。2003年3月，太阳岛指挥部制发了《太阳岛综合整治锦江里石当站地区居民及个体工商户拆迁须知》，规定了拆迁补偿的标准。在拆迁被拆迁人王平的房屋过程中，双方未就拆迁安置补偿标准达成协议，但同意先拆迁后补偿。现拆迁已完毕，但王平至今未得到拆迁安置补偿，多次与市政府交涉，一直没有结果。对此，被拆迁人王平以市政府为被申请人向省政府提出行政复议申请，请求责令市政府作出补偿裁决。在案件审查过程中，我们遇到下列问题：

一、关于拆迁主体认定的问题。根据《关于成立×××市土地收购储备中心的批复》（×编字〔2001〕152号）规定："土地储备中心受市政府委托，实施土地收购、储备和出让前期准备工作"，土地储备中心上述职能是基于市政府的委托产生的行政职能，属市政府的行为；太阳岛指挥部是市政府成立的临时机构，其拆迁行为产生的法律后果由市政府来承担。因此，我们认为本案的拆迁人是市政府，不应当是土地储备中心和太阳岛指挥部。

二、关于适用法律的问题。根据《城市房屋拆迁管理条例》第十六条第一款"拆迁人与被拆迁人或者拆迁人、被拆迁人与房屋承租人达不成拆迁补偿安置协议的，经当事人申请，由房屋拆迁管理部门裁决。"的规定，其调整的平等民事主体之间不能达成拆迁补偿安置协议的，经当事人申请，由房屋拆迁管理部门裁决。而本案拆迁主体是市政府，其行为具有行政行为的性质，拆迁补偿争议属于行政补偿争议。因此，我们认为处理本案争议不适用《城市房屋拆迁管理条例》。

目前，在没有相关法律调整政府作为拆迁人的情况下，如何适用法律处理争议成为本案审查中的难点。

上述问题我们的观点是否正确以及对争议如何处理请贵办给予具体答复指导。

××××××

××××年×月×日

（联系人：×××；联系电话：×××××××）

【范例评析】这是一份请求指示的请示，属于在工作中遇到新情况，请示中谈及的“关于拆迁主体认定的问题”以及“关于适用法律的问题”，对于发文机关而言，既无先例，又无章可循，同时对相关法律、法规又不甚了解，因此需请示上级机关或部门予以指示。该请示正文部分包含请示缘由、有关情况、遇到问题，以及请示内容，请上级单位对该问题作出指示等部分，结构完整，表意清晰。

（二）请求批准请示范例

中共××公司委员会关于召开第三次代表大会的请示

中国共产党××公司党组：

根据《党章》《中国共产党基层组织选举工作暂行条例》及省公司《关于基层党组织选举工作的实施细则》要求，经公司党委研究决定，拟定于2015年上半年召开中共××公司第三次代表大会。现将召开这次会议的有关事项请示如下。

一、会议指导思想

以科学发展观为指导，全面贯彻落实党的十八大和十八届四中全会精神，认真总结公司第二次党代会以来党建、思想政治工作取得的成绩和经验，明确今后一个时期党委工作的总体要求和目标任务，选举产生新一届中共××公司委员会和纪律检查委员会，团结带领广大党员干部员工进一步统一思想、开拓创新，紧紧围绕企业中心工作，励精图治、奋发有为，切实发挥企业党组织的政治核心作用和共产党员的先锋模范作用，为早日建成“一强三优”现代公司而奋斗。

二、会议主要议程

1. 听取和审议中共××公司委员会工作报告；

2. 听取和审议中共××公司纪律检查委员会工作报告；

3. 选举中共××公司第三届委员会；

4. 选举中共××公司纪律检查委员会；

5. 通过党委、纪委工作报告决议。

三、代表名额、构成比例及代表产生办法

公司第三次党员代表大会正式代表名额按党员总数 7% 拟定，共 185 名。其中：中层及以上干部党员代表约占 40% 左右，生产一线党员代表约占 30% 左右，技术管理人员代表、离退休干部代表和女职工代表分别占一定比例。上述比例为指导性比例，具体按选举单位的党员人数和工作需要确定。党员代表大会的代表由各选举单位召开党员大会（党员代表大会）采用差额选举的办法产生。代表候选人的差额比例不少于 20%。现公司党委成员参加指定基层单位代表选举。

四、第三届党委、纪委组成人员名额及候选人名额

中共 ×× 公司第三届委员会拟设委员 8 名，按照候选人差额为应选人数的 20%，提名候选人预备人选 10 名，其中书记 1 名，副书记 2 名；纪律检查委员会拟设委员 5 名，按照候选人差额为应选人数的 20%，提名候选人预备人选 6 名，其中书记 1 名，副书记 1 名。

五、选举办法

1. 中共 ×× 公司第三届委员会和纪律检查委员会，均由中共 ×× 公司第三次代表大会采取差额选举办法选举产生。

2. 党委书记、副书记，纪委书记、副书记均实行等额选举，分别由党委三届一次会议和纪委一次会议选举产生。

上述选举均采用无记名投票方式。

妥否，请批复。

单位署名（印章）

×××× 年 × 月 × 日

（联系人：×××；联系电话：××××××）

【范例评析】这是一份请求批准的请示，“关于申请召开党员第三次代表大会”就其事项而言，属于下级机关自身无权决定、必经上级机关批准方能办理的事项。该请示首先交代了必要性及重要意义，进而阐述了请示事项的具体方案和请示事项，最后以“妥否，请批复”作结，简洁利落，工整严谨。

（三）请求协调解决问题请示范例

×× 供电公司关于要求协调解决 110 千伏

东柳变北侧河岸绿化预留宽度的请示

×× 市人民政府：

中山东路以南至仇毕工业区是目前城市化程度最高、发展最成熟地区，根据城市规划，区域内将建设七里垫商务中心和开发仇毕村地块。目前该区域内无电源点，由周边变电站跨区供电。

为满足该区域迅速增长的供电需求，经 ×× 批准建设 110 千伏东柳输变电工程，工程本期将建设 50 兆伏安主变压器 2 台，10 千伏出线 24 回。拟建变电站位于福明路与兴宁路交叉口西北角，所址北侧为城市内河，红线占地面积 4300 平方米，所内设置多层建筑一幢，建筑面积 1854 平方米，因设备运输和消防要求建筑物四周设置环形道路一条。

工程于 2011 年开展可研，2013 年项目核准。原计划于 2014 年 12 月开工建设，2016 年投产。变电站的总平面施工图设计按照所址预审时确定的原则执行，围墙与河岸现状距离为 23.6–27.7 米左右。根据 ××× 市城区内河管理处提供的河岸规划，河岸线将向南推进 8–10 米，拟建变电站围墙与规划河岸的距离缩小到 19.6 ~ 13.9 米。按照 ×× 市城市管理局的意见，围墙与规划河岸应保持 20 米的距离，并且要求我公司同步完成该段河道、河岸的建设。照此标准，北侧围墙和北侧环形道路进入 20 米控制线。根据 ×× 省社会综合治理委员会办公室和 ×× 省公安厅联合印发的《全省治安保卫重点单位安全防范评估办法（试行）》规定，变电站围墙应采用"实体防护"，即必须建设围墙；同时因设备运输、安装、检修的需要，北侧必须设置供工程车辆通行的道路。因本工程执行国家电网公司通用设计标准，总平面已做到最小，受地块面积、规划和变电站工艺布置限制，无法进行总平或工艺布置调整（设备已于 2014 年招标并生产完成）。在现有条件下无法做到围墙、道路离开河岸线 20 米的要求，与相关部门多次协商，未能取得一致意见，致使项目在城管审批中受阻，规划许可无法办理，项目至今无法开工建设。

为确保工程顺利实施，建议按照 2011 年已定的规划方案，即变电站围墙、道路与现状河岸保持不小于 20 米距离进行控制，同时由于受投资规模限制和上级公司对资金使用的严格管控，本工程已无多余资金安排河道、河岸建设，建议由政府另行安排资金配套建设。

妥否，请批示。

附件：110 千伏东柳变电站平面布置图

单位署名（印章）

××××年×月×日

（联系人：×××；联系电话：××××××）

【范例评析】这是一篇请求上级单位协助解决工作困难的请示，因请求事项清晰明了且需协调对象明确，所以行文较为简洁。在开篇简要阐明相关背景后，主体部分对遇到的问题进行详细说明、对问题的由来、不利影响、解决问题的积极意义等方面进行了分析，最后提出请示内容，即请求解决的问题及相关建议，行文连贯，请示事项明确，内容完整。

第十二节　批　复

一、批复的概念

批复适用于答复下级机关的请示事项，属于下行文。它是机关应用写作活动中的一种常用公务文书。

二、批复的特点

（一）行文具有被动性

批复的写作以下级的请示为前提，它是专门用于答复下级机关请示事项的公文，先有上报的请示后有下发的批复，一来一往，被动行文，这一点与其他公文有所不同。

（二）内容具有针对性

批复要针对请示事项表明是否同意或是否可行的态度，批复事项必须针对请示内容来答复，而不能另找与请示内容不相关的话题。因此批复的内容必须明确、简洁，以利下级机关贯彻执行。

（三）效用的权威性

批复表达的是上级机关的结论性意见，下级机关对上级机关的答复必须认真贯彻执行，不得违背。批复的效用在这方面类似命令、决定，带有很强的权威性。

（四）态度的明确性

批复的内容要具体明确，不能模棱两可，否则会使请示单位不知道如何处理。

三、批复的分类

根据批复的内容和性质不同，可以分为审批性批复和指示性批复。

（一）审批性批复

审批性批复，是针对请示机关提出的问题经审核后所作的批示性答复，比如有关机构设置、人事安排、项目设立、资金划拨等事项的审批。这类批复需要从工作实际出发，对所请示的内容进行论证审核，依据有关政策规定作出审批性答复，明确表示同意、部分同意或不同意等清晰的意见。

（二）指示性批复

指示性批复主要是针对方针、政策性问题进行答复。这类批复不只是对请示机关提出请示事项的答复，而且批复的指示性内容，在其管辖范围内具有普遍的指导和规范作用。另外，授权政府职能部门发布或修改行政法规和规章的批复，也属于指示性批复。

批示性批复可分为肯定性批复、否定性批复和解答性批复三种。其中否定性批复就是不同意下级机关的要求，给下级机关否定的答复。一般情况下，如是否定的答复，上级通常当面或打电话口头告知并适当解释、说明，使其另作安排，以免因久候耽搁、贻误工作。只有当事关重大，或原请示确有道理但碍难照准时，才作否定性书面批复。

四、批复的写作格式

批复一般由标题、主送机关、正文、落款构成。

（一）标题

批复的标题有三种形式：

（1）由发文机关名称、批复事项、行文对象和文种构成，如《国务院关于将蛇岛列为国家重点自然保护区给辽宁省人民政府的批复》。

（2）由发文机关名称、事由和文种组成，如《辽宁省人民政府关于同意观音阁水库向本溪市供水收取水费的批复》。

（3）由发文机关名称加原件标题和文种的构成，如《朝阳市人民政府〈关于做好接受国家开发办验收我市农业综合开发项目准备工作的请示〉的批复》。

（二）主送机关

主送机关一般只有一个，是报送请示的下级机关。其位置同一般行政公文，写于标题之下，正文之前，左起顶格。

批复不能越级行文，当所请示的机关不能答复下级机关的问题而需要向更上一级机关转报“请示”时，更上一级机关所作批复的主送机关不应是原请示机关，而是“转报机关”。如果批复的内容同时涉及其他的机关和单位，则要采用抄送的形式送达。

（三）正文

正文包括批复引语、批复意见和批复要求三部分。

批复引语要点出批复对象，一般称收到某文，或某文收悉。要写明是对于何时、何号、关于何事的请示的答复，时间和文号可省略。

批复意见是针对请示中提出的问题所作的答复和指示，意思要明确，语气要适当，什么同意，什么不同意，为什么某些条款不同意，注意事项等都要写清楚。

批复要求是从上级机关的角度提出的一些补充性意见，或是表明希望、提出号召。如果同意，可写要求；不同意，亦可提供其他解决办法。

（四）落款

这部分写在批复正文右下方，署成文日期并加盖公章。

五、批复的注意事项

（1）批复必须有针对性的一文一批复，请示要求解决什么问题，批复就答复什么问题。

（2）从既有的批复定义和使用实际看，批复是“答复下级机关请示事项”时使用的文种。依法行政讲究职权法定，每个行政机关都有自己独立的法定职责，需要经过“请示”而为的事项越来越少，上级行政机关面对请示，要看是否有必要“批复”。对于应当由下级机关“依法独立行使职权”并独立承担责任的事项，虽有请示也不应批复（即使需要指导也应采用其他方式）。这样规定，一是便于明晰职权，分清责任，推进依法行政的需要；二是避免文牍主义，提高行政效率的需要；三是便于管理相对人寻求救济需要。

（3）批复既是上级机关指示性、政策性较强的公文，又是对下级单位请求指示、批准的答复性公文。因此，撰写批复要慎重及时，根据现行政策法令及办事准则，及时给予答复。撰写时，不管同意与否，批复意见必须十分清楚明白，态度明朗。不能含糊其词，模棱两可，以免下级无所适从。

六、批复的范例

（一）审批性批复范例

国务院关于同意在广东省广州市设立华南国家植物园的批复

广东省人民政府，自然资源部、住房城乡建设部、中科院、国家林草局：

自然资源部、住房城乡建设部、中科院、广东省人民政府《关于申请设立华南国家植物园的请示》收悉。现批复如下：

一、同意在广东省广州市设立华南国家植物园，由国家林草局、住房城乡建设部、中科院、广东省和广州市人民政府合作共建。

二、……

三、……

四、……

国务院

2022 年 5 月 30 日

【范例评析】批复意见在批复中是核心内容，所以要特别注意表述是否全面、是否准确反映上级机关的意图。这篇批复观点、态度明确，上级机关对下级机关请求事项有针对性地明确回答，带有“同意”字眼的批复标题写作方式值得倡导。

（二）指示性批复范例

司法部关于取得法律职业资格证书 C 证的律师承办业务地域范围问题的批复

××省司法厅：

你厅《关于持法律职业资格证书 C 证的执业律师执业范围有无限制问题的请示》（×司呈〔2018〕5 号）收悉。经研究，批复如下：

根据《律师法》第十条第二款规定，取得法律职业资格证书 C 证的律师承办业务不受地域限制，可以到本律师事务所所在的县（市、区）以外的地区办理业务。

司法部

2018 年 5 月 12 日

【范例评析】这是一篇司法部针对××省司法厅的请示所进行的批复。正文第一段引述来文，然后以“经研究，批复如下”作过渡领起下文的答复意见。答复意见准确引述法律、法规、上级文件，有针对性地明确予以回答，批复提出的处理意见和办法，在一定程度上代表了上级机关对问题的处理意见，对下级机关具有行政约束力，特别是对一些重大事项的批复，具有较强的权威性。

（三）否定性批复范例

关于徐村乡人民政府申报兴建砖瓦厂问题的批复

徐村乡人民政府：

12 月 10 日关于申报兴建砖瓦厂的来文收悉。

近几年来，农村盖房用砖量确实明显增加。今年夏、秋，郭庄乡、新河乡曾先后申报新建砖瓦厂，南寨砖瓦厂也申请扩建。

经调查，最近几年我县已有约百分之四十的农户盖了新房，约百分之三十的农户近年内不拟盖房，砖瓦需求已经相对缓和。邻县情况也相似。我们除同意南寨砖瓦厂扩建、增添设备外，凡申报新建砖瓦厂的均不拟同意，否则会出现新的矛盾。

××县人民政府

××××年×月×日

【范例评析】结论滞后，是否定性批复的基本写作规律。为避免挫伤下级的积极性，通常先平心静气地介绍情况、分析形势，使下级眼界拓宽、认识提高，并有了一定心理准备，然后再告知否定结论。

第十三节　议　案

一、议案的定义

议案适用于各级人民政府按照法律程序向同级人民代表大会或人民代表大会常务委员会提请审议事项。

议案是上行文，它是由具有法定提案权的国家议事机关（立法机关或国家权力机关）、会议常设或临时设立的机构和组织，向权力机构提出进行审议并作出决定的议事原案。如法律议案、预算案、决算案、国民经济和社会发展计划案等，以及有关全国性和地方性的重大事项的议案等。

议案有严格的程序。议案提出后，一般先交由某个专门机构进行审议，然后再提交议事委员会讨论，最后通过会议表决以决定其是否成立。主要程序包括议案的提出、初步审议、正式辩论、修正、表决、通过和公布等过程。

法律对议案的提出、议案的内容和处理程序作出了明确的规定：议案的提出者必须是法律规定的机关或者代表；议案的内容必须是属于法律规定的本级人大或者人大常委会职权范围内的事项；议案应当在规定的时限内提出；提出的议案应当按照法律规定的要求，写清案由、案据和方案。

重要议案（主要是法律议案）须经过“三读”，“三读”后由议院正式表决，以决定其是否成立。除人民代表大会主席团、常务委员会和本级人民政府可以直接提出议案外，人民代表大会代表也可以提出议案。议案提出后，由人民代表大会主席团提请人民代表大会讨论，或交付议案审查委员会审查后提请人民代表大会讨论，然后作出决定。

二、议案的特点

议案主要有以下特点。

1. 制发机关的法定性

议案的制发机关只能是各级人民政府，政府的职能部门无权制发。

2. 时效的规定性

各级人民政府的议案，应当而且必须在同级人民代表大会或其常务委员会举行会议规定的限期前提出，否则不能列为议案，超过期限提交的议案一般改作“建议”处理，或移交下次人大会议处理。提交大会审议的议案，必须限期审议表决或提出处理意见。

3. 内容的法规性、政策性和特定性

凡纳入法律程序，人民政府无权决定、须提请国家权力机构人民代表大会审议的事项，一般是关于国家主权、权力和利益、重要法律法规、国家机关主要领导人的任免等事项，这些都是很严肃、庄重的事项，政策性、法规性很强，这些事项经人民代表大会审议后，有的还可以立法，形成法规，要求全社会遵守执行。人民政府所提议案的内容，必须属于该人民代表大会或常务委员会职权范围内的有关事项。

4. 行文的定向性

议案不是普发性公文，只能由各级人民政府行文，行文时，落款可以署政府主要负责人的职务和姓名。政府的工作部门不能使用议案。同时，议案只能向同级人民代表大会或人民代表大会常务委员会行文，不能向别的任何部门和单位行文。

5. 事项的必要性和可行性

适合提交人大议案审议的事项，必须是重要事项，符合人民群众的意愿和要求，而且议案中提出的方案、办法、措施，也必须是切实可行的，才有可能获得通过。

三、议案的分类

1. 立法议案

指用于提请审议法律和法规的议案。一是政府机构指定了某项法律或法规之后，提请人大审议通过时；二是建议、请求某行政机构指定某项法规时。前者如《国务院关于提请审议〈中华人民共和国著作权法（草案）〉的议案》，后者如《关于尽早制定我省普及九年制义务教育实施条例的议案》。

2. 重大决策议案

指关于财政预算决算、城乡发展规划、重大工程上马以及政治、经济、文化、教育、科技、卫生等领域中的重大事项的决策，需要提请人民代表大会审议批准时的议案，如《国务院关于提请审议兴建长江三峡工程的议案》《沈阳市人民政府关于组织动员全市人民综合治理开发建设浑河沈阳城市段的议案》。

3. 任免议案

指用于提请审议决定政府和国家机关主要领导人、国家驻外机构主要负责人任免的议案，例如《国务院关于提请审议万永祥等二十一位同志职务任免的议案》。

四、议案的写作格式

议案是以政府名义行文的，其结构与其他行政公文结构有所不同，写作上也有一些特殊要求。议案不能套用现成的有正式文件版头的公文用纸，需要另行印刷。议案结构一般包括发文字号、标题、主送机关、正文、签署、日期、主题词、印刷版记等部分。发文字号可以在标题右上方，也可以在标题右下方，甚至可以省略。议案内容包括标题、正文、签署三部分。

（一）标题和主送机关

1. 议案的标题

议案的标题由发文机关、事由、文种构成，不能省略其中的任何一项。提请国家权力机构审议的事项，都是重大事项、涉及法律法规和大政方针的事项，标题必须写明发文机关，事由要概括得清楚明确，一目了然。

议案的标题采用常规公文标题模式，有两种写法，一是发文机关 + 案由 + 文种；二是省略发文机关，案由 + 文种。前者如《 × × 市人民政府关于提请审议〈 × × 市乡镇企业条例〉的议案》；后者如《关于提请审议修改后的国务院机构改革方案的议案》。议案标题一般不能采用发文机关加文种或者只有文种的写法。

2. 议案的主送机关

议案的主送机关，只能是同级人民代表大会及其常务委员会，不能有其他并列机关。要采用全称或规范化简称，不得随意简化。

（二）议案的正文

正文是议案内容的主体。正文的内容可分成三部分。

1. 案据

议案的第 部分叫作案据，顾名思义，案据是提请审议批准事项的理由和依据，即为什么提出议案。案据一般要求写得概括准确，说明提请审议事项的意义、作用以及有关背景。

由于内容不同，这部分的篇幅长短在不同议案中会有很大差异。下面是《沈阳市人民政府关于组织动员全市人民综合治理开发建设浑河沈阳城市段的议案》的案据部分：

浑河是辽宁省第二大河，流经沈阳规划城市段50公里。长期以来，由于种种原因，造成浑河沈阳城市段河槽乱采乱挖，河障杂乱繁多，不仅直接影响城市安全防汛，而且严重污染城市环境。为了认真贯彻国家关于浑河综合治理的重大决策，提高城市防洪能力，缓解地表和地下水缺乏的矛盾，促进生态平衡，改善城市功能，适应改革开放和市场经济发展的需要，建设高科技、大生产、大流通、现代化、国际化的沈阳，根据外地经验和近几年的充分准备，组织动员全市人民对浑河进行综合治理和开发建设的条件已经成熟。为此，市政府向市十一届人大第三次常委会提出议案，请大会审议并作出相应的决议。

这个案据和常规的根据、目的、意义式的公文开头很接近。

有时案据部分内容很复杂，文字也很多。如《国务院关于提请审议兴建长江三峡工程的议案》，案据部分超过全文的一半，对于这样一个耗时耗资十分巨大的工程，将理由阐述的充分一些，是很有必要的。有时案据可以写得很简短，如《国务院关于提请审议〈中华人民共和国著作权法（草案）〉的议案》，就是一个比较常见的“目的式”写法，不过三四行、百余字而已。

2. 方案

方案部分，就是对提请审议的事项或问题提出解决的途径、方法的部分，是在议案中提出要求审议的具体事项，不需分析说明，是什么就写什么，简单明了。有的议案要说明的东西较多，则把说明文字作为附件附上。总之，事项是什么，就写什么。

如果是提请审议已制定的法律法规的，解决问题的方案就在法律法规之中，这部分只需写明提请审议的法律法规的名称即可，但要把法律或法规的文本作为附件。

如果是任免性议案，要将被任免人的姓名和拟担任的职务写明。如果是提请审议重大决策事项的，要把决策的内容一一列出，供大会审阅。如果是建议采取行政手段解决某方面问题的，要把实施这一行政手段的方案详细列出，以便于审议。不能只指出问题，而没有解决问题的方案。

3. 结语

结语是议案的结尾部分，主要用于提出审议请求。一般都采用模式化写法，言简意赅。如“现提请审议”“现提请审议，并请做出批准的决定”“请审议决定”等等。

（三）签署和日期

一般行政公文，最后签署的都是发文机关的名称，而议案有所不同，要由政府首长签署。国务院提交给全国人大的议案，要由总理签署；各省、市、自治区提交给同级人民代表大会的议案，要由省长、市长或自治区主席签署。

日期格式与一般行政公文相同。

五、议案的注意事项

（1）熟悉国家的法律、法规和党的方针政策。由于议案的政治性、政策性很强，涉及立法事项及重大方针政策，议案必须以法律、政策为依据。

（2）语言要求准确、精练、庄重。议案篇幅不宜过长，原由要简明扼要，抓住要点，言简意赅，不必展开论述、说理，有几项就说几项，讲完即止。

（3）议案的标题必须醒目、具体和明确。事项应明了、单一，一般要一案一事一题，不能一案数事。

（4）情况需确实，观点要鲜明，内容要具体。有的议案在结尾处，还提出一些具体的措施、原则和要求。

六、议案的范例

（一）立法议案范例

国务院关于提请审议《中华人民共和国著作权法（草案）》的议案

全国人民代表大会常务委员会：

为了鼓励公民积极从事有益于社会主义精神文明和物质文明建设的教育、科学、技术、文学、艺术等创造性的活动，促进优秀作品的创作与传播，提高全民族的科学文化水平，保护文学、艺术、科学作品作者和其他著作权人的合法权益，国家出版局草拟了《中华人民共和国著作权法（草案）》。这个草案已经国务院同意，现提请审议。

国务院总理　××

××××年×月×日

【范例评析】这是一篇立法议案范例，首先说明了亟须订立相关法律的原因，其次说明了相关法律草案的订立情况，最后提出审议的请求。

（二）重大决策议案范例

国务院关于提请审议兴建长江三峡工程的议案

全国人民代表大会：

长江是我国第一大河，流域面积占全国总面积的19%，养育着全国三分之一的人口，工农业总产值约占全国的40%，在我国国民经济发展中占有重要地位。长江中下游的洪水灾害历来频繁而严重。新中国建立以来，国家在长江流域进行了大规模的防洪建设，对保障中下游地区的经济建设和人民生命财产安全，发挥了很大作用。但由于多方面的原因，长江资源还没有很好开发利用，水患尚未根治，上游洪水来量大与中下游河道特别是荆江河段过洪能力小的矛盾，依然十分突出，两岸地面高程又普遍低于洪水位，一旦发生特大洪水，堤防漫溃，将直接威胁荆江两岸江汉平原和洞庭湖区的1500万人口和2300万亩良田，人民群众的生命财产和一批重要的大中城市、工矿企业和交通设施，将会遭受巨大损失，严重影响国民经济全局。这是我们国家的心腹大患。

如何解决长江的防洪问题，更好地开发长江资源，中共中央和国务院一直很重视，社会各界也十分关注。经过几十年来的治理实践和对各种意见、方案的反复研究和论证，解决长江中下游的防洪问题，必须采取综合治理措施。兴建三峡工程是综合治理的一项关键性措施。三峡工程兴建后，可将荆江河段防洪标准由目前的十年一遇提高到百年一遇；配合其他措施，可以防止荆江河段发生毁灭性灾害；还可减轻洪水对武汉地区及下游的威胁。同时，三峡工程还有发电、航运、灌溉、供水和发展库区经济等巨大的综合经济效益和社会效益。三峡工程建成后年发电量840亿千瓦·时，占目前我国发电总量的八分之一，可为华东、华中和川东地区提供重要的能源；可以大大提高川江航道通过能力，万吨级船队有半年时间可直达重庆，为发展西南地区的经济和繁荣长江航运事业创造条件。三峡工程还有利于长江中下游城镇的供水，有利于南水北调。总之，三峡工程的兴建，对加快我国现代化建设进程，提高综合国力，具有重要意义。

国务院对兴建三峡工程历来采取既积极又慎重的方针。近四十年来，有关部门和大批科技人员对三峡工程做了大量的勘测、科研、设计和试验工作。特别是1984年以来，社会各界提出了许多新建议和意见。一些同志本着对国家、人民和子孙高度负责的精神，对库区百万移民的安置、生态和环境的保护、上游泥沙的淤积、巨额投资的筹措和回收等疑难问题，从不同角度提出各自的意见，这些意见对于开拓思路，增进论证深度，完善实施方案，起到了十分有益的作用。

经过多年的研究、论证和审查，三峡工程坝址选在湖北省宜昌县三斗坪镇。工程的拦河大坝全长1983米，坝顶高程185米，最大坝高175米。水库正常蓄水位175米，总库容393亿立方米。水电站总装机容量1768万千瓦。工程静态总投资570亿元（1990年价格）。主体工程建设工期预计15年。工程建设第九年，即可发电受益，预计在工程建成后不太长的时间里，即能偿还全部建设资金。国务院三峡工程审查委员会对可行性研究报告进行了认真审查，认为三峡工程建设是必要的，技术上是可行的，经济上是合理的，随着经济的发展，国力是可以负担的。

三峡工程规模空前，技术复杂，投资多，周期长，特别是移民难度很大。对于已经发现的问题要继续研究，妥善解决，对今后可能出现的各种困难和问题，要有足够的思想准备。要谨慎从事，认真对待，使工程建设更加稳妥可靠，努力把这项造福当代、荫及子孙的事情办好。

国务院常务会议经过认真讨论，同意建设三峡工程。建议将兴建三峡工程列入国民经济和社会发展十年规划，由国务院根据国民经济的实际情况和国家财力物力的可能，选择适当时机组织实施。

请审议。

国务院总理 ××

××××年×月×日

【范例评析】这是一篇重大决策议案范例，正文主题结构遵循了案据、方案、结语的结构写法。案据为全文重点，旨在阐明工程的重大意义。首先介绍长江对国民经济发展的重要意义、目前长江存在的问题，其次围绕如何解决前文提出的问题，提出兴建三峡工程的解决措施。方案部分，介绍了三峡工程前期研究的历史背景，还详细介绍了工程的选址、设计方案、工期安排、投资预估、投资回报等情况，重点说明方案技术上可行、经济上合理、国力可负担，最后说明方案面临的关键问题和需注意的事项。三峡工程规模巨大、影响深远，本篇议案在有限的篇幅内，尽最大可能说明了建设这样一个巨大工程的目的、内容、成效以及面临的困难，兼具客观性、科学性、严谨性，语言表达上做到了准确恰当、字斟句酌。

（三）任免议案范例

国务院关于提请×××等二十一位同志职务任免的议案

全国人民代表大会常务委员会：

一、提请任命×××为中华人民共和国驻捷克和斯洛伐克联邦共和国特命全权大使；免去×××的中华人民共和国驻捷克和斯洛伐克联邦共和国特命全权大使职务。

（以下“二”到“十五”略）

请审议决定。

国务院总理 ×××（印）

××××年×月×日

【范例评析】这是一篇任免议案范例，先写明任命的人员与拟担任的职务，然后写明免去的人员与职务，表达简单清晰。

第十四节　函

一、函的概念

函适用于不相隶属机关之间商洽工作、询问和答复问题、请求批准和答复审批事项。

作为法定行政公文中的平行文种，函在党政机关、企事业单位、社会团体的公务活动中被广泛使用，出现频率极高，是公文应用中不可或缺的重要文体之一。

二、函的特点

（一）广泛性

与命令、公告、议案等文种不同，函的使用不受级别高低、单位大小的限制，没有发文权限方面的约束，无论何级何类的发文机关都可以对外发函。收发函件的单位也以较为平等的身份展开联系，互相沟通。

（二）沟通性

由于函是不相隶属机关之间的行文往来，因此沟通彼此的意愿和诉求是其首要目标。无论主题是协商、邀请、咨询还是请求，都须用明确的语言把想要传达的事项叙写清楚。

（三）灵活性

函的使用条件是“不相隶属”的机关之间，因此即便发文的事由及目的与一般意义上的上行文或下行文类似，但只要该文件的主送机关与发文机关不相隶属，就需使用“函”作为文种。由于“函”承担了各类不相隶属机关之间的往返行文，因此和其他公文相比，“函”的行文方向和用途更为灵活。除了平级机构之间的商洽、邀请等，也可用于请求不相隶属的机关批准某事项或告知不相隶属的机关事项等。在格式上，除特定机关的正式公函必须按照公文格式、行文要求行文外，一般便函较为灵活自便，如可省略文头，可不编发文字号等。

三、函的分类

（一）按内容和用途分

1. 商洽函

即不相隶属的机关之间商洽工作，联系相关事宜的函。

2. 询答函

即询问函和答复函。不相隶属的机关之间询问和答复有关具体问题或某项工作意见的函。

3. 请批函

即请批函和答复审批函。不相隶属的机关之间请求批准和答复审批事项的函。一般请批函的对象为没有上下级关系，但与此次行文事由有关的业务主管部门。

4. 知照函

即告知不相隶属的机关相关事项的函。

5. 转文函

即向不相隶属的机关转发文件的函。

（二）按行文去向分

1. 去函

即发文机关主动向对方发出的公函。对于收文机关来说则称之为“来函”。

2. 复函

即为回复对方来函而发出的公函。对于不相隶属的机关来说，收到来函，发出的就应是复函。但对领导机关的办公部门或职能部门来说，如按领导意见处理下级机关呈送的上行文，并需以本部门的名义复文时，因为本部门与呈送上行文的下级机关级别相同，故不使用“批复”而只能使用“复函”。即所谓“函复批示”或“函代批复”。由此可知，复函对应的文种不一定就是对方先行发来的“函”。复函与函不一定一一对应。

（三）按函件性质分

1. 公函

用于机关单位正式的公务活动往来；须按照公文格式、行文要求行文。

2. 便函

用于日常处理事务性工作。便函不属于规范性公文，没有公文格式要求，无需发文字号，只需在尾部署上机关单位名称、成文时间并加盖公章即可。

四、函的写作格式

（一）标题

函的标题有两种形式。

1. 三项式

由发文机关名称、事由和文种构成，如《××公司关于商请协助关键业绩指标调研工作的函》。

2. 二项式

省略发文机关，由主要内容和文种构成，如《关于邀请参加××活动的函》。该类标题多用于以单位专用函格式发送的函。

复函的标题，通常需在文种“函”之前加标一个“复”字，写作“复函”。

（二）主送机关

接受函件并办理来函事项的机关单位，于文首顶格写明全称或规范化简称，其后用冒号。

函必须标明主送机关，其主送机关可以是一个或多个。

（三）正文

主要包含开头、主体、结尾、结语。

1. 开头

如为去函，则交代写作原因、背景、根据等内容，即发出函的缘由。然后用“现将有关情况函告如下”或“现就有关情况征求贵单位意见”等过渡语转入主体部分。

如为复函，则首先说明要对收到的哪个文件进行答复，可引述来函标题及发文字号（如有），表示已收悉。然后可选择性地简述来函的主题，接下来用“现将有关情况函复如下”等过渡语引出答复。

2. 主体

函的核心内容部分。如为去函，要明确洽谈、询问、请求批准事项的具体内容。如事项复杂，可分条列写。行文直陈其事，语言简洁明晰。如为复函，要针对来函的事项作答，要注意答复问题的针对性和态度意见的确定性。

3. 结尾

一般用礼貌性语言提出希望或要求，如需对方给出函复的，写明办理时限、联系人及联系电话等。

4. 结语

根据具体函件内容和种类，选择“请即函复”“特此函告”“特此复函”“请予批准/支持为荷”等。

（四）单位、日期和印章

无论主动去函还是复函，都必须在正文右下方标明单位、成文日期并加盖印章。

五、函的注意事项

（1）注意区分请示/批复和请批函/答复审批函。区分请示/批复和请批函/答复审批函功能相同，均为向某机关请求批准/答复请批；写作思路与正文结构也相同，都应一文一事，主送机关都应是一个，正文都应具有缘由、核心内容、结尾用语。但两者行文关系不同，请示/批复用于有隶属关系的上下级机关之间，请批函/答复审批函用于下级机关与不相隶属关系的业务主管部门之间。收到请示，一般回以批复；收到不相隶属机关的请批函，只能回以复函。

（2）语言要得体。由于函发生在不相隶属的机关之间，意在沟通事项，因此在撰写函件时切勿使用命令性语言，行文应礼貌诚恳。对主管机关，谦逊尊重；对下级机关，平和委婉；对平级机关和不相隶属的单位，友善得体。函件一般针对具体事宜，因此无论去函还是复函，都应开门见山，直奔主题。复函还要特别注意语言的准确性和明确性，避免引起歧义。

（3）函和“信函格式”的关系。“信函格式”是《党政机关公文格式》规定的公文三种特定格式之一，不同于一般的公文。但“信函格式”是一种格式而非文种，也并非文种“函”或平行文的专用文件格式。“信函格式”除可用于平行文外，还可用于下行文，如“批复”“意见”“会议纪要”等，是针对非普发性公文所采用的一种格式。

六、函的范例

（一）商洽函——协商工作函范例

外交部办公厅关于协调××产业园项目电力供应事宜的函

××公司办公厅：

为进一步推动对俄合作，根据黑龙江省、双鸭山市合作项目意向，特商请贵单位就××产业园项目电力供应事宜给予协调和支持，有关情况函告如下。

一、××产业园基本情况

近年来，随着中俄全面战略协作伙伴关系和务实领域合作快速发展，我国东北地区与俄罗斯远东地区的合作不断深化。在当前俄方加快实施远东开发战略的背景下，黑龙江省、双鸭山市拟在该市规划建设现代化的××产业园。

根据初步规划，××产业园占地面积为××平方米，计划总投资××元人民币，国家和黑龙江省拟投资××元，招商引资××元。园区功能以经贸为主，兼顾文化交流、旅游观光和休闲娱乐，主要包括现代物流服务区、对俄国际贸易服务平台、对俄产品深加工区、中俄商品交易中心、中俄风情广场、对俄经贸人员培训中心等。项目建成后，预计年交易额约××元，税收××元，可向社会提供××余个就业岗位。××××有限公司是该项目的法人和承办单位。该项目得到××市政府支持。目前正在开展有关前期工作。

二、发展该园区的必要性、可行性及其意义

建设××产业园项目，有利于推动中俄毗邻地区合作，带动中国东北和俄罗斯远东开发两大战略同步推进，使我国在参与俄罗斯远东开发合作中占得先机。同时，有利于促进地方经济发展，发挥该市地缘优势，辐射周边地区，带动现代物流和服务等行业发展。我部已建议国家发展和改革委员会将该项目列为对俄合作国家级项目加以推进。

三、需请贵公司协助开展的工作

目前，该项目相关评估报告已编制完成，规划和项目用地手续已办理完毕，并取得了国有土地使用证，计划于今年5月全面开工建设。该项目用电量较大，为保证安全、可靠、迅速供电，请贵公司积极协调解决项目用电事宜。

我部愿就此与贵公司保持沟通联络。

外交部办公厅

××××年×月×日

（联系人：×××；联系电话：××××）

【范例评析】这是一篇商请外单位协助解决事务的函。因商洽函多涉及具体项目和事件，因此需交代清楚来函背景、意义、当前进展及请求的事项，做到论证充分，逻辑自洽，以便更好地推动商洽进程。范文开篇简要点明来函目的和请求事项，主体部分说明了产业园建设背景、基本情况和现阶段规划，并阐述发展该园区的必要性、可行性和意义，最后强调安全可靠的供电对该项目的重要性，并提出协调需求。整体行文连贯，诉求明确，结构规整。

（二）商洽函——邀请参加活动函范例

××省××学会化学与环保专委会关于邀请参加
化环专委会-××科普基地共建协议签字仪式暨学术科普活动的函

各位领导/专家：

根据××省××学会安排，定于××年×月×日在××公司举办××省××学会化学与环保专委会、××省节能环保绿色能源科普教育基地结对共建协议签字仪式暨学术科普活动。特邀请各位领导、专家拨冗莅临指导。现将有关事项函告如下。

一、活动时间

××年×月×日9:30至15:00。

二、活动地点

××公司（××省××市××镇金门新村××号，××大酒店对面）。

三、活动内容

1.结对共建协议签字仪式；

2.××大学能源工程学院××团队学术报告；

3.大型绿色环保电厂科普参观。

四、参加人员

××、××、××市××学会秘书长，省××学会供电、输电、燃机、电力数据应用专委会秘书，部分中国电机工程学会“电力之光”科学传播专家。

五、联系人

×× 市 ×× 学会 ×××（电话号码：××××）。

化学与环保专委会 ×××（电话号码：××××）。

×× 有限公司 ×××（电话号码：××××）。

×× 省 ×× 学会化学与环保专委会

×××× 年 × 月 × 日

【范例评析】这是一篇邀请领导专家参加活动的函。活动一般为独立事件，涉及具体时间地点，因此邀请函应尽量简洁清晰地传达会议基本情况。范文开篇就对活动时间、地点和名称等基本要素进行了交代，并附上了活动内容、参加人员和联系人，便于出席领导、专家把握活动定位，作出是否参会的决定并合理安排出行计划。

（三）询答函——征求意见函范例

×× 调控中心关于征求

《×××× 实施细则》有关意见建议的函

公司系统各单位：

按照公司 2021 年规章制度建设计划，×× 调控中心组织开展了《×××× 实施细则》的修编工作。目前该制度已完成初稿编制和内部审查，现向公司各单位征求意见，有关要求如下。

请各单位结合本单位实际情况，认真组织对该制度提出修改完善意见，填报反馈意见表。如对内容有疑问，请与各制度主编单位（见附件 1）沟通。

请各单位于 2021 年 × 月 × 日前，将反馈意见建议表（见附件 2）OA 反馈至工作联系人。

工作联系人：×××，电话号码：××××。

附件：1. 各制度主编单位及联系人

2. 意见建议反馈表

3.×××× 实施细则（征求意见稿）

×× 调控中心

×××× 年 × 月 × 日

【范例评析】这是一篇征求其他单位意见建议的函。因需征求意见的内容是具体的某项细则，且征求意见的对象也较为明确，因此整体行文简明直接。范文开篇将发函背景、依据和所需征求意见的事项进行了说明，同时对需要反馈的内容提出了工作要求，并写明了反馈意见的时限、联系人及电话，便于收函单位及时回复。整体行文清晰连贯，简明扼要。

（四）询答函——答复问题函范例

××××关于组建能源行业综合能源服务标准化技术委员会意见的复函

国家能源局综合司：

贵单位《关于征求组建能源行业综合能源服务标准化技术委员会意见的函》收悉。经研究，现将有关情况答复如下。

一、关于名称

“能源行业综合能源服务标准化技术委员会”这一名称，我们以为其内涵较为广泛，不仅涉及诸多能源类型的建设、装备、运营、检测等内容，也包含了多能源衍生的多种服务形式，其内涵实质上已包含目前筹建完成的相关标准化技术委员会职能，如能源行业燃气分布式能源标准化技术委员会。

综合能源服务包含综合能源及能源相关的综合服务两层含义。其中，综合能源可理解为多种能源类型，包括电力、燃气、冷、热、储能、各种新能源（风、光、地热能等）形式，重点在于冷、热、电、气等能源类型的系统性集成优化，追求能量的高效、清洁、梯级利用；综合服务则包含与综合能源相关的投资服务、工程服务、运营服务、高效能源类产品创新研发、节能服务以及碳交易、金融服务乃至大数据分析等衍生服务。

因此我们建议参考前期已经成立的能源行业燃气分布式能源标准化技术委员会，选择综合能源服务的某类重要领域进行重点建设，并选取更为合适的标委会名称，如综合能源系统性能评价标准化技术委员会。

二、关于负责领域

筹建方案提出的范围较为广泛。节能检测领域实际上已经存在较多的标准，如节能评估技术导则（GB/T 31341—2014）、玻璃窑炉节能监测(GB/T 25328—2010)、公共建筑节能检测标准（JGJ/T 177—2009）等；而能源托管及运营方面在某种程度上与事件方的商业谈判有关，并不仅仅是技术问题；综合能源技术装备则某种程度上与燃气原动机、锅炉、光伏、风电、热泵等主体设备有关，涉及的标准目前也已存在。

综合能源技术实质上是一种根据实际需求个性化灵活设计，以提供可靠、高效、经济、绿色的多能集成供应系统，重在系统而非某个设备。因此，多能集成供应系统是相关标准制定需要重点考虑的领域，比如系统可靠性要求、节能等级评价、绿色低碳等级评价以及相关的系统性检测标准等。

因此建议在节能检测领域重点突出对综合能源系统性节能水平的检测、评价，亦可考虑绿色低碳评价等内容；某些可能涉及商业模式、商务条款谈判的内容可以暂不作为重点建标领域；综合能源技术装备方面则应避免与原有单体设备的重复建标，其他如综合能源技术建设运营涉及的具体内容也可再行斟酌以突出重点或独立成立相关的标准化委员会。

特此函复！

××××××××

××××年×月×日

（联系人：×××；联系电话：××××）

【范例评析】这是一篇答复征求意见的回函。回函在反馈意见时除了要给出明确的意见外，还应提出相应的理由和依据，并给出具体的建议。范文开篇先点出该复函是对收到的哪个函件进行答复，表示已收悉，并用“现将有关情况函复如下”的过渡语引出答复，简洁明了。主体部分针对来函内容进行了详细的分点论述和阐释，附上相关例证，并在结尾给出了中肯的答复意见，逻辑清晰，用语委婉，态度鲜明。

（五）请批函——请求批准函范例

××公司关于申请核定××经济技术研究院

电力行业（送电工程、变电工程）甲级设计资质的函

住房和城乡建设部：

××经济技术研究院是××公司直属单位，具有电力行业（送电工程、变电工程）甲级设计资质，资质证书将于××年×月×日到期。根据中华人民共和国住房和城乡建设部《建设工程勘察设计资质管理规定》（建设部令第××号），现申请延续××经济技术研究院电力行业（送电工程、变电工程）甲级设计资质。前期确认工作如下：

××××公司对××经济技术研究院延续电力行业（送电工程、变电工程）甲级设计资质的材料进行了初审，确认申请材料中内容、数据真实有效，相关资料复印件与原件一致，诚信记录良好，符合《工程设计资质标准》相关规定。有关“初审（行业）部门审查意见表（电力）”及该单位申报资料详见附件。

请予批准为盼。

附件：1.初审（行业）部门审查意见表（电力）

2. 工程设计资质申请表及申报材料

××公司

××××年×月×日

（联系人：××；联系电话：××××）

【范例评析】这是一篇请求外单位批准某事项的函。因请求事项清晰且审核责任单位明确，所以行文简练明了。范文开篇点出来函缘由和依据，提出了请求批准的事项，并提供了前期内部初审工作的具体情况，以便作为审核的参考，最后提出批准请求。附件提供了所需表格和材料。函件遵循了一文一事的原则，整体用词精准，诉求清晰，便于后续审批事项的开展。

（六）知照函——说明事项函范例

××有限公司信息通信分公司关于××公司
行政交换系统升级的说明函

各直属单位：

××公司行政软交换系统建于2009年，共有省公司及在×单位注册电话用户约1500门，用户主要集中在省公司大楼、水澄大厦、特讯网络大楼、仓前计量基地、电动汽车公司、省检修公司等地。随着IMS（IP多媒体子系统）行政交换系统的建设投运，××公司现已具备IP交换能力，可为全省用户提供融合语音、数字、视频的更优质交互体验，将逐步替代行政软交换系统。

根据《××信通部关于做好公司行政交换网2019年重点工作的通知》（××信通〔2019〕21号）和《××公司关于印发信通资产和业务优化调整工作方案的通知》（××科信〔2018〕439号）的相关要求，信通公司将于2020年6月底前完成省公司大楼软交换系统用户向IMS行政交换系统迁移的工作，后续软交换系统将逐步退出。

因各直属单位的行政终端属于各单位自行维护资产，为避免影响各相关单位用户的行政办公，请贵单位酌情安排本单位行政交换系统的升级改造，开展行政软交换系统向IMS行政交换系统的迁移工作。信通公司将为各单位开展系统迁移提供所需的技术支持服务。

联系人：××；联系电话：××××。

附件：行政软交换用户清单

国网××省电力有限公司信息通信分公司

××××年×月×日

【范例评析】这是一篇向平级单位告知某项工作情况的函。因告知的内容涉及收函单位的资产

（系统），因此告知函需对系统的交接情况进行简要说明，以便收函单位掌握前因后果。范文开篇概述了系统升级改造的背景、当前系统情况和文件依据，告知了系统升级的时间节点，提醒收函单位安排好相关工作。最后点出今后将由来函单位提供技术支持服务，并附上联系人及电话，便于收函单位后续联系工作。整体行文连贯，用语得体，内容完整。

（七）转文函范例

关于做好2019年上半年华东关口电能计量装置现场检测的函

××有限公司××科学研究院，××有限公司××分公司，各地市供电公司：

××公司华东分部已编制下发2019年上半年华东电网跨省关口电能计量装置现场检测计划，现将此文转发给你们。请各单位相互沟通对接，按通知要求配合做好关口电能表的现场检测工作、结合停电检修计划落实关口互感器的现场检测工作。

附件：1. 国网华东分部关于下达2019年上半年华东电网跨省关口电能计量装置现场检测计划的通知（华东交易〔2019〕74号）

2. 2019年华东电网跨省关口计量互感器现场检测计划

3. 2019年上半年华东电网跨省关口电能表现场检测计划

××有限公司营销部（农电部）

××××年×月×日

【范例评析】这是一篇转发上级单位文件给平级单位的函。因文件内容和工作要求明确，因此作为转文函，用语简练直接即可，范文开篇阐明文件的来源，并请收函单位配合好和该文件相关的具体工作，最后附上转发的文件内容。整体行文简洁明了，清晰明确。

第十五节　纪　要

一、纪要的概念

纪要适用于记载会议主要情况和议定事项，是对会议的重要内容、决定事项进行整理综合、加以提炼而形成的一种具有纪实性和指导性的公文，通常是根据会议记录、会议文件以及其他有关材料加工整理而成的。它可以平行和下行，主要向有关部分反映会议情况、传达会议精神，向下级与会单位发布会议议定的事项、宣传会议的主要精神。

二、纪要的特点

1. 纪实性

纪要必须是会议宗旨、基本精神和所议定事项的概要纪实，不能随意增减和更改内容，任何不真实的材料都不得写进纪要。除此之外，撰写者不能对会议内容进行评论。因其纪实特点，会议纪要具有凭证作用和资料文献价值，特别是一些重要的会议纪要，经常用作确认相应历史事实的重要依据。

2. 概括性

纪要需要以极为简练的文字高度概括会议的内容和结论，对会议精神和议定事项分类别、分层次予以归纳、概括，使之眉目清晰、条理清楚，并不是把所有内容原原本本记录下来。重点说明会议的主要参与者、基本议程、与会者的主要观点以及最后达成的共识、形成的决议。当然，纪要既要反映与会者的一致意见，也要兼顾个别同志有价值的看法意见。

3. 指导性

作为传达会议情况、会议精神的载体，多数会议纪要具有指导工作的作用，是相关单位和部门开展工作的重要依据。

三、纪要的分类

会议纪要的种类较多，根据不同的标准可以进行不同的划分，常用的划分方法如下：

按照会议的任务与内容，可分为决议性会议纪要、布置性会议纪要、情况性会议纪要；

按照会议议定的内容，可分为综合性会议纪要、专题性会议纪要；

按照会议的类型，可以分为办公会议纪要、工作会议纪要、座谈会议纪要、经验交流会议纪要、学术会议纪要等。

根据在实际工作中的应用情况，以下着重介绍“决议性会议纪要”“布置性会议纪要”和“情况性会议纪要”三种会议纪要。

（一）决议性会议纪要

为解决或协调工作中某些实际问题而召开专门性工作会议，会后把会议讨论、议定的事项整理成文，成为决议性会议纪要。这种会议纪要指导性强，对会议上确定的工作重点、步骤、方法都有明确安排，需要大家共同遵守。

（二）布置性会议纪要

多用于记载办公会议，研究机关、单位的工作安排、工作进度等事项。在会议结束后由会议秘书整理成文，经会议主持人签发后生效的文件，反映机关集体领导活动、主要决策和对日常工作安排部署的内部文件。

（三）情况性会议纪要

以思想沟通或情况交流为主要内容的会议纪要，多用于理论务虚会、经验交流会等会议类型。其主要特点是以统一思想、达成原则共识为目的，一般将会议上的先进经验以及与会单位的评价、态度作为主要内容，对具体工作不作布置。

四、纪要的写作格式

纪要的格式内容主要包括以下四个方面。

（一）标题

标题由“会议名称＋纪要”构成，主要有两种格式。

（1）会议名称加纪要。在“纪要”二字前冠以会议名称即可，会议名称可以写全称，也可以写简称，简称要求指向明确，不存在歧义，如《××公司2022年第×次总经理办公会会议纪要》。

（2）会议主要内容加纪要。把会议的主要内容在标题里面揭示出来，类似文件标题，如《××公司关于加强廉政文化建设会议的纪要》。

（二）正文

正文包括前言、主体、结尾三个部分。

1. 前言

介绍会议召开的基本情况，包括时间、地点、会议名称、主持人、出席人员、列席人员、主要议程、讨论的问题等。

2. 主体

主体是会议纪要的核心部分，会议的主要精神、议定事项、达成的共识、对与会单位布置的工作和提出的要求、各种主要观点及讨论情况，都需要进行表述。一般采取分条分项撰写的方式，如果不分条项，也多用“会议认为”“会议指出”“会议提出”等惯用语作为各层意思的开头语，体现内容的结构和层次。

正文主体常见的方式有：

（1）集中概述法。对会议的基本情况、研究的主要问题、与会人员的认识和议定的有关事项（包括解决问题的措施、方法和要求等）进行概述和说明，多用于小型的、议题比较集中单一，且意见比较一致的会议。

（2）分项叙述法。将会议的主要内容分成几部分逐项写明，多用于召开大中型会议或议题比较多的会议，以及需要基层单位全面领会、深入贯彻会议精神的会议。

（3）发言提要法。将具有典型性、代表性的发言加以整理、提炼，按照发言的顺序或不同内容分别阐述说明，多用于需要全面了解与会人员意见的会议。

3. 结尾

一般纪要的结尾比较简短，通常用来强调意义、提出希望和号召等。在不影响全文结构完整的情况下，可以不写专门的结尾部分。

五、纪要的撰写技巧

（一）精细积累素材

做好会议记录是撰写会议纪要的基础工作，要对会议内容进行精细记录，包括人员情况、议题顺序、讨论情况、意见形成等进行全过程记录。

（二）精心构思结构

对基本材料进行整理、取舍，理出会议的基本框架结构，列出各部分的简要写作提纲，考虑会议中的特殊情况后，如实填充相关信息。

（三）精准掌握核心

会议主要精神部分，是对会议主要精神和议定事项的系统整理和集中反映，也是会后有关单位落实会议精神的依据。对会议精神的概括必须忠于实际，不得随意增减，更不能加入个人主观臆断。在反映会议精神的同时，对于会议过程中的重要讲话内容必须进行提炼概括，精准简练。

（四）精确梳理逻辑

会议纪要写作要求条分缕析、逻辑鲜明，对问题的概括要完整，不能以偏概全。对于具体的方法措施要明确，不能用“大概”“可能”等不精确的词。

六、纪要的注意事项

（1）纪要有特定的格式。《党政机关公文格式》明确了纪要的特定格式。与其他公文文种的不同之处在于：发文机关标志由“××××纪要”组成，发文字号独立编号；纪要一般不标主送单位，在版记处列明分送单位和部门；正文结束后，不标注成文日期、部门落款，也不加盖印章；文后标注出席、请假和列席人员名单。

（2）要注意区分会议纪要与会议记录。会议记录不是公文，属于事务类应用文，是记载会议情况的记录性资料，注重记录的原始性、完整性和准确性。纪要是公文，是在会议记录的基础上经过整理、综合、提炼而形成的，不是有闻必录。

（3）要注意区分纪要与决议。都是用来记录会议成果、传达会议精神的公文文种。但两者有明显的区别：决议内容必须是重大决策事项，必须是经过会议讨论并经过法定程序表决通过的；纪要内容不一定都是重要问题，也不需要经过会议表决通过才成文，可以反映会议上不同观点或几种同时存在的意见。两者效力也不同，有的纪要具有决议的性质，会议议定的事项一旦下发，具有行政约束力，要求下级单位贯彻执行；有的纪要不具有决议性质，只是为了通报情况，并非一定要贯彻执行。

七、纪要的范例

（一）决议性会议纪要范例

关于××饮料公司被兼并财务处理会议纪要

20××年×月×日，×××同志主持召开××××会议，×××、×××等同志（领导）参加了会议。会议听取了 ××× 关于 ×× 市第一食品集团公司兼并 ×× 饮料公司的财务处理及有关政策问题的汇报，形成以下决议。

一、关于兼并后的并账依据、时间及财务处理问题

鉴于原 ×× 饮料公司因被兼并，其法人资格自行消失，在财务上需要并账。并账依据，示意交接之日（即 20×× 年 × 月 × 日）的“资产负债表”中经市财政局和市第一食品集团公司核定的余额。

1. 资不抵债部分。由市财政局和市第一食品集团公司在核定利润指标时，减少部分数额。×× 饮料公司弥补该部分亏损减少的利润，市财政局视同承包基数的完成。

2.20×× 年 × 月 × 日正式兼并后，为使被兼并企业能够进行正常生产，所投入的生产经营设施维修费用，20×× 年 × 月底前转入市第一食品集团公司产品生产成本中。

二、原 ×× 饮料公司所欠产品增值税问题

截至 20×× 年 × 月末，原企业所欠产品增值税，写出申请免缴报告，呈请有关领导批准后，由市税务局给予免税处理。

三、其他方面的问题

1. 为核定交接时的原企业资产与负债，责成由财政局、兼并涉及的两家企业，在近期内共同完成 20×× 年 × 月末的原企业的资产负债表的编制审定工作。

2. 其他未尽事宜，如有必要，可及时研究解决，保障兼并工作的顺利开展。

出席：××××（单位）×××（姓名）；××××（单位）×××（姓名）、××××（单位）×××（姓名）

列席：××××（单位）×××（姓名）；××××（单位）×××（姓名）、××××（单位）×××（姓名）

缺席：××××（单位）×××（姓名）；××××（单位）×××（姓名）、××××（单位）×××（姓名）

【范例评析】这是一篇关于企业重要事项审议的决议性会议纪要，该会议纪要对会议议定事项进行了概括与归纳，把会议讨论、议定的事项整理成文，行文较为简洁，语言准确，内容完整，对工作具有指导作用。

（二）布置性办公会议纪要范例

关于春节期间重点工作布置会议纪要

20×× 年 × 月 × 日，××× 同志主持召开 ×××× 会议，×××、××× 等同志（领

导）参加了会议。会议针对春节假期期间重点工作进行工作部署。

一、在春节假期期间，强调值班人员注意值班纪律，应在指定地点进行值班，不可随意走动，不可空岗，严格按照值班制度完成值班工作。

二、在春节假期期间注意劳动纪律，严禁在岗期间出现偷懒、玩手机、睡觉等违纪行为，一旦违纪将严格考核。

三、强调注意春节假期期间的安全生产，在岗期间严格按照规章制度开展各项工作，严禁出现违规操作，要求保障节日期间设备平稳运行的同时，注意人员作业安全。

四、全体员工在节日期间进行施工作业时，注意做好工器具出清工作，要求严格按照工器具清单梳理工器具，严禁发生工器具遗留作业区的情况。

五、在节假日期间，注意防疫，尽量避免出入人员密集场所，全员注意自身健康情况，保障自身及他人人身安全。

出席：××××（单位）×××（姓名）；××××（单位）×××（姓名）、××××（单位）×××（姓名）

列席：××××（单位）×××（姓名）；××××（单位）×××（姓名）、××××（单位）×××（姓名）

缺席：××××（单位）×××（姓名）；××××（单位）×××（姓名）、××××（单位）×××（姓名）

【范例评析】该会议纪要属于布置性会议纪要，开篇简洁，对会议主要议题要点进行提炼，责任主体明确，相关事项清楚明白。

（三）情况性会议纪要

××大学中国组织发展与绩效评估研究

中心20××年度第×次学术交流会议纪要

20××年×月×日，×××同志主持召开××××会议，×××、×××等同志（领导）参加，就相关学术问题进行交流研讨，现纪要如下。

一、××主要针对报告分析。“着力推动高质量发展”，数字经济是推动高质量发展的重要推动力，而数据则是数字经济中最重要的生产要素，因此需要研究数据对经济增长的作用。我们有两部分制度，传统制度和技术制度，而数字经济主要和技术制度相结合，这值得学者们进行探讨。

二、××汇报论文进展。××选取《Nature》上面的研究热点话题，并通过三个概念之间的关系进行了逻辑分析。第一，最好能在几个概念中找到调解变量和中介变量，这样会与题目更加贴合。第二，论文的主要观点应符合大多数学者的认知，并且需要明确“复杂性”这个词的词性是褒义还是中性。第三，这个选题可以和高质量发展的相关研究联系起来。

三、×× 提出论文建议。×× 认为整体框架不错，但仍有一些细节需要改进。第一，文献综述应该围绕研究重点来看，可以省略其他不重要的部分；第二，应该对类型、内容编码之后进行归类，细节需要注意。

四、×× 对会议进行总结。形成以下建议：第一，明确什么情况下适用互动治理？第二，互动式治理有没有多条路径？互动式治理与互动机制的区别是什么？第三，写论文需要回归到现实中，采用的概念如果适用于所有情况，在这篇论文中需要明确它的特殊性。

出席：××××（单位）×××（姓名）；××××（单位）×××（姓名）、××××（单位）×××（姓名）

列席：××××（单位）×××（姓名）；××××（单位）×××（姓名）、××××（单位）×××（姓名）

缺席：××××（单位）×××（姓名）；××××（单位）×××（姓名）、××××（单位）×××（姓名）

【范例评析】该纪要明确阐述会议情况，对会议过程中的意见建议进行总结归纳，事实清楚、条理明确，起到概括会议主要成效、达成原则共识的作用。

第四章
信息写作

1948 年，美国数学家、信息论创始人克劳德·艾尔伍德·香农发表经典通信论文《通信的数学理论》，文中提出“信息是用来消除随机不确定性的东西”，这一论述通常被人们视作“信息”的经典定义。但“信息”一词却并非舶来词，南唐诗人李中就曾在《暮春怀故人》中写到“梦断美人沈信息，目穿长路倚楼台”，广义的信息可泛指人类社会传播的一切内容，包括音讯、消息、通信系统传输和处理的对象等。而本章所介绍的信息为狭义的信息，指机关和企事业单位反映情况、交流经验、联系工作的一种文体。

信息这一文体属于广义的公文范畴，它不具备公文的法律效力和行政效率，仅作为一种具有汇报性、交流性和指导性的文字材料，用于反映情况问题、交流工作经验、提供决策参考等。

本章介绍信息基础知识和常用信息的写作，主要包含信息概述、信息发展历史、信息制度体系以及动态类信息、典型经验类信息、情况分析类信息、问题建议类信息的写作。

第一节　信息概述

一、信息的概念

英文中，信息和情报是同一个词，而情报的作用就是消除不确定性，尤其在战争期间，情报有时能在瞬间决定胜负。第二次世界大战期间，香农在贝尔实验室为美国情报部门工作，这使他对 information（信息）一词有了深刻理解。1948 年，香农在其论文《通信的数学原理》中用科学方法将信息定义为“信息是用来消除随机不确定的东西”。这一定义标志着信息论的诞生，并直接产生了一个新的学科——信息学。

在信息社会，信息成为重要资源。与计算机通信技术、数据化的信息相区别，党政机关的“政务信息”、企事业单位的“工作信息”，都属于公文的一种。我国政府系统信息工作始于 1984 年。1984 年 9 月，邓小平同志为《经济参考》题词“开发信息资源，服务四化建设”。1986 年 3 月，由河北、湖北、辽宁三省政府办公厅的信息工作者在武汉筹备组建省际政府办公厅横向信息网络时，首先提出“政务信息”的概念。

通常所说的政务信息，是指由政府机关采集，通过特定载体反映与经济、社会管理及公共服务相关的活动情况或数据方面的信息。

二、信息的特征

（1）鲜明的政治性。信息工作要有鲜明的政治立场，切实提高政治站位。从“两个维护”[1]的高度把握，始终把“维护核心、对党忠诚”融入信息工作，做到决策部署指向哪里，信息方向朝向哪里；决策落实推进到哪里，信息服务就跟进到哪里。

（2）广泛的综合性。综合性也即全面性，坚持“两点论”[2]，有喜报喜，有忧报忧，涵盖内容丰富，涉及党政机关、企事业单位工作的方方面面。信息的内容包括要求、动态、问题、数据、分析等，传递的形式包括文字、图片、表格甚至影像，反映了政务工作的方方面面。

[1] “两个维护”：坚决维护习近平总书记党中央和全党的核心地位，坚决维护党中央权威和集中统一领导。

[2] “两点论”：哲学意义是指主、次矛盾和矛盾的主次方面关系的原理。在研究复杂事物矛盾发展过程中，既要研究主要矛盾、又要研究次要矛盾，既要研究矛盾的主要方面、又要研究矛盾的次要方面，二者不可偏颇。

（3）高度的真实性。真实是信息的生命，报送信息要实事求是、恰如其分，不能过分拔高，确保为领导科学决策提供的信息及时、准确、真实、全面，具有较强可靠性和较高可信度。

（4）极强的指导性。首先体现为对下级单位的纵向服务，用以指导、启示下级单位的工作，达到上下协调一致、同步发展的目的。其次体现为对本级单位各部门的横向服务，指导其在决策实施中顾全大局、形成合力，完成各项任务。

（5）突出的内部性。除了可以对外公布的内容外，信息还经常反映一些涉及秘密内容或具有一定内部性的信息，必须控制在一定的范围内传阅，不应不合时机地随便扩散。

（6）严格的时效性。信息的时效性是信息的重要特征，是指信息从发出、接收到进入利用的时间间隔及其效率。从某种意义上讲，信息的价值取决于信息的时效性。

（7）科学的前瞻性。信息要为领导决策提供对未来的正确判断和客观分析，能够启发领导思路，辅助领导决策。

（8）一定的专属性。不同于新闻报道的“广而告之”，政务信息的受众主要是各级党政领导，主要面向领导提供信息服务。

三、信息的分类

信息的分类比较复杂，按照不同的标准可以分为不同的类型。这里仅列举四种。

（1）按信息内容分，可分为动态类信息、报告反馈类信息、典型经验类信息、情况分析类信息、问题建议类信息、调查研究类信息等。

（2）按信息报送及服务对象分，可分为内部交流信息、领导参考信息、对外报送信息。

（3）按信息层次分，可分为基础性信息、高层次信息。基础性信息是指没有经过大的加工、提炼，如实地记录某个事件发生、发展、变化的信息。高层次信息是指对基础性信息进行提炼、归纳、综合、分析，从而获得有情况、有分析、有建议的有较高参考价值的信息。

（4）按密级分，可分为公开信息、内部信息、涉密信息。

四、信息的作用

信息是以其见事快、篇幅短、时效性强的特点，而彰显其重要地位和作用的。有时它是“千里眼”“顺风耳”，通过它能及时掌握工作情况，找到决策依据；有时它是“晴雨表”“温度计”，通过它能了解群众情绪，掌握各种社会动态；有时它是“桥梁”和“纽带”，通过沟通上下左右的联系，交流情况，互通有无；有时它是“发动机”和“助推器”，通过它把上级的工作部署和方针政策及时传达给基层，有效解决问题，推动工作落实。

信息的诸多作用中，当首推对于决策的辅助作用。领导决策离不开信息，信息量越大，反映的情况越全面、越准确，对决策的辅助作用就越大。例如：某县县长从政府办提供的几条信息中得知，稀土价格即将大幅回升，而部分乡镇存在严重的无证开采现象，不仅造成资源浪费，还导致税源流失。县政府当即作出部署，对稀土开采秩序进行整顿，取缔无证开采，追缴漏交税款，结果，仅税款就补交了 300 万元，当年全县稀土开采、加工贡献的税收达 2000 万元。信息的作用由此可见一斑。

信息工作不是大局却关系大局，不是中心却牵动中心，不作决策但影响决策，其地位和作用十分重要。有人把信息工作比作寻宝，此说不无道理。什么样的信息是宝？领导关注的、需要领导关注的信息就是宝。信息工作者要善于调用多种手段、通过各种途径找到有价值的信息，并进行归纳和提炼，找出带有普遍性的问题，总结出解决问题的最佳方法，满足领导的决策参考需求。

第二节　信息发展历史

1948 年 1 月，在解放战争即将取得全国性胜利之时，毛泽东同志为党中央起草《关于建立报告制度》的党内指示，要求全党健全报告制度，并对报告负责主体、内容、撰写方式、时间频率作出明确规定。新中国成立后，我国党政机关及其秘书部门始终坚持这项纪律规矩，情况报告也成为信息工作的雏形。

这一时期，信息没有独立门户，多由秘书部门具体办理，主要形式包括请示报告、调查研究、工作总结、机要电话、机密电报等。

党的十一届三中全会后，我国经济、政治、思想文化等各领域呈现翻天覆地的新气象，“信息工作”也逐步向有组织、有系统现代模式演变，其形态演变过程可以从历届全国党委秘书长、办公厅主任座谈会窥见一二。

一、萌芽阶段（1985—1989）：健全信息工作体系

1985 年 1 月召开的全国党委秘书长、办公厅主任座谈会是信息工作的重要里程碑，会议明确提出建立健全信息体系，要求在中央和各地区、各部门之间形成完整的信息体系。此次会议后，各级党委办公厅（室）将信息网络建设作为重要基础工作，相继设立专门的信息工作处室。同年 12 月，中共中央办公厅要求各省、自治区、直辖市分别推荐 3 ～ 5 个单位作为中办信息直报点，直接向中央报送信息。1986 年，中办信息直报点正式运行，当年就与近百个具有代表性的单位建立起直接信息联系，推动信息工作触角向下延伸。

1986 年底，中共中央办公厅召开部分省、自治区、直辖市和中央部门秘书长、办公厅主任座谈会，专题研究信息工作，明确信息工作的指导思想始终同办公厅“三服务”[1] 指导思想一致，并提出“三加强”“三确保”[2] 工作要求，细化部署信息网络、信息队伍、工作制度等重点建设任务，为加快推进现代信息工作提供遵循。

经过这一阶段的探索，我国各级党政机关基本建立起相对完整的信息工作体系，实现了专职队伍从无到有、工作网络愈发清晰、信息质量日趋提高。

二、发展阶段（1990—1997）：挖掘信息工作价值

20 世纪 90 年代是信息化时代，也是知识经济时代，互联网逐渐“飞入寻常百姓家”，信息量大规模增长，对信息工作质量提出新要求。

1990 年 1 月，中共中央办公厅再次召开全国党委秘书长、办公厅主任座谈会，首次提出“信息调研”工作方式，要求将信息工作与调研工作相结合，作为改进办公厅工作作风重点之一。此后，现代信息工作向高质量、高价值、高时效方向不断发展。1994 年 12 月召开的全国党委秘书长、办公厅主任座谈会再次深化部署“信息调研”工作，强调信息和调研是一体，信息为调研提供题目，调研进一步开发信息。在掌握大量信息的基础上，有目的、有针对性地开展调研，是深化信息、使信息不断增值的基本工作方式。

回顾该阶段的信息工作发展历程，有以下三方面成果：

（1）工作制度体系持续完善。党中央和国务院强化顶层设计，密集下发系列文件，以制度形式明确信息报送内容、方式及具体要求。包括《向中央办公厅报送重要信息实施办法（试行）》《中共中央办公厅关于进一步加强信息工作的意见（试行）》《政务

---

[1] “三服务”：为党委领导服务；为地方和部门服务；为人民群众服务。

[2] “三加强”“三确保”：加强基础建设，确保信息渠道畅通；加强整体开发和综合处理，确保信息的价值；加强信息反馈，确保决策的顺利实施。

信息工作暂行办法》等，推动信息工作全面发力、纵深推进，现代信息工作的制度框架基本确立。

（2）基层实践成果不断涌现。各级党政机关办公厅（室）相继建立各类信息工作载体，从对上报送、呈送本级领导、向基层下发等维度，创办各类信息刊物。时任中共中央办公厅主任的曾庆红在1994年全国党委秘书长、办公厅主任座谈会上指出，中办在全国各地建立的233个信息联系点，几年来在直接向中央提供大量反映基层真实情况的信息方面发挥了特殊作用，成为中央办公厅的重要信息源。

（3）传输反馈渠道加速升级。1994年底，中共中央办公厅已与各省、自治区、直辖市党委办公厅实现计算机联网，信息传输、处理自动化取得新突破。随着90年代后期大规模计算机信息网络加速建设，信息处理向网络化、无纸化过渡，为第一时间反映第一线呼声提供了重要支撑。

三、成熟阶段（1998—2012）：发挥参谋助手作用

这一阶段，信息工作内容不断丰富、要求不断提高，参谋助手作用得以发挥。

1998年中办下发《中共中央办公厅关于进一步加强紧急信息报送工作的通知》，对紧急信息的范围、报送时限等作出详细规定。1999年，江泽民同志在中央纪委第三次全体会议上对信息报送工作作出重要指示，强调各级党委必须高度重视向中央报送紧急信息的工作，重要突发事件、重要社会动态、紧急灾情、疫情以及其他重要紧急情况都要按规定及时向中央报告。体现出中央领导对紧急信息工作的高度重视。

1999年，《中共中央办公厅关于进一步加强信息工作的意见》下发，系统阐述了信息工作原则、工作重点、制度建设、队伍建设等工作，明确指出党委办公厅（室）的基本职能之一是发挥参谋助手作用，而提供情况和信息就是这一作用的重要体现，信息工作成为衡量办公厅工作的重要指标。这一规范文件成为后续信息工作开展的主要依据，也标志着信息工作走向成熟。

四、新发展阶段（2013至今）：与数字化时代同行

党的十八大以来，以习近平同志为核心的党中央准确把握时代大势，紧紧抓住信息化、数字化发展历史机遇，作出一系列重大决策、提出一系列重大措施，数字经济发展取得新突破。在数字化革命浪潮强有力推动下，“互联网+”信息应运而生，信息采集、加工、存储、传递手段更加丰富多样，信息交流不再受时间及空间限制。

2014 年 5 月 8 日，习近平总书记视察中办，同中办各单位班子成员和干部职工代表座谈，习近平总书记对中办工作提出了“五个坚持”要求，强调要围绕大局反映情况、报送信息，做“千里眼、顺风耳”，把各方面新情况新问题、贯彻落实党中央方针政策的意见和建议、干部群众关注的热点焦点问题等及时收集上来，归纳综合，分析研判，第一时间报送党中央，为党中央科学决策提供重要依据。[1]

近年来，在中共中央办公厅、国务院办公厅带头和引领下，各级地方党政机关办公厅及其信息工作者把握新形势、新任务，主动融入数字化发展中，充分利用大数据分析等智能手段，对海量的信息进行深度挖掘和分析，不断提高信息调动能力、拓展服务空间，不断提高信息参谋辅政的层次和效能，“参在关键处，谋在正当时”。

第三节　信息制度体系

为推动信息工作标准化、规范化，提高信息工作人员积极性，提升信息工作质量和水平，确保信息工作始终围绕中心、服务大局，需要建立信息工作制度体系，制定信息工作管理办法，健全信息工作考核评价办法，完善信息工作体制机制，规范信息工作流程标准，推动信息工作高效开展。

一、信息工作管理办法

信息工作管理办法是信息工作的基本制度，也是做好信息工作的基础，从多方面对信息工作开展情况及成果进行全方位评价，为衡量信息工作好坏与否提供重要标准，对确保信息写作质量、提升信息工作水平具有重要意义。各单位应建立健全信息工作管理制度，理顺流程，明确职责要求，落实岗位任务，做到信息报送与重要工作同部署、同落实、同检查。将信息工作纳入本单位绩效考核指标体系，并结合实际为信息工作列支必要经费。

信息工作管理办法一般明确信息工作定义、遵循原则、具体要求等，内容涵盖管理职责、信息收集与报送、信息载体、机制建设、队伍建设与支撑保障、考核评价等方面。

管理职责上，明确信息工作的职能管理部门、归口管理部门和各层级的职责。

[1] 摘自《秘书工作》2014 年 06 期：习近平《办公厅工作要做到“五个坚持”》。

信息收集与报送上， 明确信息收集、分析加工、编写、审核、报送流程，制定信息报送要点，增强信息工作的主动性、前瞻性和计划性。

信息载体上， 明确信息刊物数量、内容、定位、印发周期和范围等，认真做好信息刊物编辑工作。

机制建设上， 明确信息工作与专业工作协同工作机制，定期开展信息工作调研座谈、专项研讨等工作，加强与当地党委政府部门、行业机构工作联系，积极反映情况、争取理解支持。

队伍建设与支撑保障上， 明确建立信息工作分管领导、专（兼）职信息员队伍，加强对信息员队伍的教育培训和管理提升，为信息员参加会议、业务培训、订阅查询资料、相关公务出差等创造必要的条件，促进区域信息工作水平提升。

考核评价上， 建立科学、合理的信息工作考核评价手段，明确对信息工作实行逐级量化计分、考核评价、排名通报等，每年进行信息工作总结和下一年度计划安排，总结经验、分析问题，明确工作重点和措施，提出意见和建议，对信息工作贡献突出的集体和个人予以表彰。

以 ×× 公司为例，其信息工作管理办法如下：

×× 公司信息工作管理办法

第一章　总　则

第一条　为规范 ×× 公司（以下简称“公司”）信息工作管理，明确工作流程，落实工作责任，提升信息工作的质量、效率和价值，更好地服务和支撑公司实现“两个一流”目标，依据中央办公厅《关于加强和改进党委信息工作的意见》（中办发〔2012〕15 号）和国务院国资委《关于进一步加强和改进新形势下国资委信息工作的意见》（国资发〔2013〕23 号），结合公司实际，制定本办法。

第二条　本办法所称的信息工作是指通过广泛收集各种信息，深入分析整理，及时传递利用，为领导掌握情况、研判形势、指导工作提供信息参考和决策服务的工作。

第三条　本办法适用于公司总部、分部、公司各级单位的信息管理工作。

第四条　信息工作遵循“及时、准确、全面、规范”的原则。

第五条　本办法对信息工作的管理职责、信息收集与报送、载体建设、机制建设、队伍建设、工作保障及考核评价作出具体规定。

第二章　管理职责

第六条　×× 部门是公司信息工作的职能管理部门，负责公司信息工作管理与考核，主要职责为：

（一）落实公司和上级单位信息工作要求；

（二）加强公司信息工作机制、渠道、载体和队伍建设；

（三）组织开展公司重要信息收集、分析、加工和利用；

（四）对公司各单位的信息工作进行指导、协调和考核。

第七条 各级单位的综合管理部门是本单位信息工作归口管理部门，主要职责为：

（一）建立健全本单位信息工作机制；

（二）落实本单位领导和上级单位信息工作要求，统筹协调本单位信息的收集、分析、加工和利用；

（三）对本单位本部各部门和所属各单位信息工作进行指导、协调和考核；

（四）完成上级单位部署的有关信息工作任务。

第八条 各级单位的本部各部门主要职责为：

（一）建立健全本部门信息工作机制；

（二）负责本部门信息的收集、分析、加工和利用；

（三）完成上级单位（部门）和本单位安排的有关信息工作任务。

第三章 信息收集与报送

第九条 公司各级单位要建立覆盖各业务、贯穿各层级的信息收集渠道，及时收集内部各类重要信息；密切关注外部信息，广泛收集关系公司的重要情况。

第十条 各级单位对收集的信息素材要加强分析和加工，挖掘信息价值，按照“主题鲜明、重点突出、文字精炼、逻辑清晰”的原则，做好信息编写工作。

第十一条 严格履行审核程序，报送信息须经本部门（单位）有关负责同志审核，专业部门应根据工作需要对相关专业工作信息提出审核意见。

第十二条 各级综合管理部门向上一级综合管理部门报送信息；各级专业部门向本单位综合管理部门报送信息。

第十三条 非涉密信息通过公司信息采编模块报送；涉密信息要严格执行公司保密规定，通过专网或保密传真报送。

第十四条 报送信息要做到及时、准确、全面、规范。重大紧急信息 4 小时内报送（可首报事件、续报详情），重要信息 1 天内报送，一般时效性信息 2 天内报送；内容真实无误，定性和定量分析判断准确；喜忧兼报，反映情况客观全面；信息格式及报送程序规范。

第十五条 公司各级单位根据工作需要，积极建立与外部有关方面的信息报送渠道，与党委政府部门、行业组织、研究机构、高校院所和专家学者沟通交流情况，争取理解支持，优化发展环境。

第四章 信息载体

第十六条 《×× 工作动态》《×× 专报》和《×× 内参》是公司级信息刊物，由 ×× 负责管理。

（一）《××工作动态》每个工作日刊发一期，内容包括：公司有关指示精神和要求；公司重要情况通报；公司重要工作安排；学习、贯彻公司决策部署、重要会议精神情况；公司发展情况；重要事件情况；公司各级单位工作成绩、典型经验、特色亮点。

（二）《××专报》一事一报，内容包括：公司贯彻落实党中央、国务院工作部署情况；相关领域情况；企业生产经营中的重要事件、重要工作、重大成果和生产运行相关情况；重点项目建设情况；需要中央、国家有关部门（单位）协调解决的困难和问题；典型工作经验和重要创新举措；相关工作建议。

（三）《××内参》一事一报，内容包括：公司内外部对公司发展有关联影响的信息及分析；公司工作中存在的问题、需要协调解决的事项、相关措施和建议。

第十七条 各级单位除上报信息外可最多办一份信息简报，采编内容和刊发周期可参照公司级信息刊物，根据本单位实际情况进行安排，要注重质量、控制数量。

第十八条 公司各级单位所属专业部门不得自办信息刊物，确有办刊必要，须经综合管理部门同意后报公司领导（或本单位主要负责人）批准。

第十九条 公司级信息刊物印发范围。

（一）《××工作动态》印发公司党组成员、总经理助理、总师、副总师、顾问；公司总部各部门、各分部、公司各单位；根据需要，发至有关下属单位（部门）。

（二）《××专报》报送中共中央办公厅、国务院办公厅等有关上级部门。

（三）《××内参》根据内容确定印发范围。

第二十条 各级单位的信息刊物印发范围根据工作需要确定。

第二十一条 各级单位要加强对信息刊物的学习利用，及时了解公司和本单位重要工作部署，学习先进经验，促进工作水平提升。密切跟踪信息刊物利用情况，及时将领导对信息刊物的批示、指示和要求，反馈至有关部门和单位。

第五章 机制建设

第二十二条 公司各级单位应建立信息报送与重要工作“同计划、同部署、同检查”的工作机制，使信息工作及时、全面反映中心工作情况。

第二十三条 各级单位综合管理部门与本单位专业部门间要加强横向协同，建立信息工作与专业工作协同机制，确保重点工作和难点问题通过信息渠道及时反映。

第二十四条 公司组建信息工作协作组，在信息会商、采编分析、经验交流、人员培训、专题调研等方面开展工作。协作组成员单位要认真履行职责，积极完成相关工作任务。

第二十五条 公司各级单位综合管理部门可根据工作需要，组建本单位信息工作协作组，并做好管理、协调工作，确保取得实效。

第二十六条 公司各单位每年12月底前向公司综合管理部门上报本单位年度信息工作总结和下一年度工作安排，总结经验，分析问题，明确工作重点和措施，对公司信息工作提出意见建议。

第六章 队伍建设与支撑保障

第二十七条 公司各级单位要明确本单位信息工作负责同志，建立涵盖本部各部门和所属各单位的专（兼）职信息员队伍，并加强对信息员队伍的管理。

第二十八条 各级单位的信息工作负责同志每年至少要听取一次信息工作汇报，负责研究、部署本部门（单位）信息工作，组织重大信息的分析和处理，审核、签发重要信息。

第二十九条 各级单位要定期（不定期）组织信息业务培训，开展信息员队伍建设特色活动，推动信息工作深入有效开展。

第三十条 公司各级单位要为信息员开展工作创造必要的条件，包括列席（参加）本部门、本单位重要工作部署会议，查阅文件档案、订阅刊物资料、调研学习和培训交流等。

第三十一条 信息员要认真履职，积极关注公司和本部门（单位）的总体情况及外部相关事件等，及时收集、整理、分析、编辑和报送信息；要加强业务学习，努力提高专业能力。

第三十二条 信息工作负责同志和信息员调整变化应及时报告，并加强对新到任信息员的上岗培训，确保工作的连续性。

第三十三条 公司各级单位可结合本单位工作实际安排必要经费，包括办公费、咨询费等，经信息归口管理部门和财务部门审核后纳入公司预算管理，促进专项研究课题深入开展和信息价值提升。

第三十四条 公司各级单位综合管理部门要做好信息采编模块的日常应用和管理，为所有信息报送点开通信息系统，实现信息报送、采编网络化。各级单位信息化部门要做好系统的运行维护，为信息报送工作提供技术保障。

第七章 考核评价

第三十五条 公司信息工作实行逐级考核评价。

第三十六条 信息工作考核内容包括机制建设、队伍建设、载体建设、信息报送与采纳情况。

第三十七条 对信息报送与采用情况实行量化计分考核，详见《××公司信息报送计分规则》。

第三十八条 各级单位应于每年年底组织开展信息工作自查，并将结果于12月31日前报送至上级单位综合管理部门。

第三十九条 公司各级单位（综合管理部门）要结合考核对象的信息工作自查报告，依照考核内容对考核对象进行量化评价，形成考评结果，进行通报。

第四十条 公司各级单位可将信息工作情况纳入考核对象的绩效考核体系中。

第四十一条 公司各级单位应每年至少通报一次信息工作情况。根据公司表彰奖励工作办法，公司及各单位可将信息工作纳入办公室专业工作先进表彰。

第四十二条 严肃纪律要求，禁止以月报、季报、情况通报等形式变相印发信息刊物，一经发现将予以通报批评。

第八章 附 则

第四十三条 本办法由 ×× 负责解释并监督执行。

第四十四条 本办法自 ×××× 年 × 月 × 日起施行。原《×× 公司工作交流管理办法》《×× 公司信息报送工作考核评价办法》同时废止。

二、信息工作机制

信息工作机制主要包括选题策划机制、信息会商机制、信息协作机制、考核通报机制、人才队伍建设机制。

1. 选题策划机制

充分发掘信息核心价值，统筹制定年度信息报送要点、月度信息选题计划，围绕重点工作广泛收集整理信息选题，定期报送、汇总、分析、审核，确定重要信息选题，开展信息约稿，确保信息工作与重点工作“同计划、同部署、同检查”。

2. 信息会商机制

建立“广泛参与、职责明晰、公平客观、规范高效”的信息会商工作机制，以共商、共享为原则，充分调动会商单位积极性，建立信息会商平台，发挥学习交流、分析研判、信息采编“传帮带”作用，推动信息员互相学习、取长补短，全面提升业务素质，促进信息工作水平均衡发展。

3. 信息协作机制

构建横向协同、纵向贯通、同频共振、齐抓共管的集团化大信息工作格局。横向加强信息管理部门与专业部门工作联动，纵向完善省市县三级信息工作网络分级报送，对外拓展外部智库沟通交流渠道，为信息工作提供全方位支撑。

4. 考核通报机制

建立科学合理、差异化的考核指标体系，以正面引导、正向激励为主，计分排名、定期通报，公正公开、客观全面评价信息工作水平，发挥通报考核的导向作用，激励先进、督促后进，保障信息工作优质高效开展。

5. 人才队伍建设机制

加快信息人才队伍建设，建立信息员档案，构建规范高效的管理体系、科学合理的培训体系、驱动有力的激励体系，加快信息人才培养，建成一支“结构优、梯队强、素质高”的信息人才队伍，增强信息工作凝聚力、执行力、可持续发展能力。

第四节 动态类信息写作

一、动态类信息的概念

动态类信息是指反映某项工作、活动进程或某一事件发展变化情况的信息。动态类信息内容着重说明已经发生或正在发生的客观情况，主要反映本单位最近发生的重大事件或正在进行的重大活动等。

二、动态类信息的特点

动态类信息侧重于讲“干了什么”，与其他类型信息相比，具有以下七个特点。认识和熟悉动态类信息的这些特点，是搞好动态类信息写作的前提和基础，应成为信息工作者必备常识。

（1）目的性。动态类信息以描述事物的运动变化过程为目的。

（2）客观性。动态类信息是对客观情况的真实反映，客观性是其最基本的特征。它不强调渲染、归纳、抽象和概括，必须一是一、二是二，不允许带有主观色彩的发挥与夸张。如果偏离客观实际，不能真实反映客观情况，很可能导致领导决策失误。

（3）时效性。时效性是动态类信息的生命，是其突出的特点之一。没有时效性，动态类信息也就失去了价值。动态类信息作为客观情况特别是运动变化情况的反映载体，必须及时。把握住这一点，也就掌握了动态类信息写作的关键。

（4）广泛性。广泛性是指动态类信息在某一时间和空间内发展变化的情况。动态类信息的形式多种多样，所涉及的领域包罗万象，只有将客观事物纷繁复杂的各种动态及时反映出来，并提供给各级领导，才能作出相应的决策，最终达到解决问题的目的。

（5）简明性。简明性是指动态类信息的写作篇幅短小，一事一报，只需将情况说清楚，节省领导阅读的时间，使领导迅速了解情况，作出相应决策。

（6）变化性。变化性是指动态类信息应随着事物、事件的发展变化进行采写，追踪事件全过程及其每个重要变化细节，这是一个连续、完整的过程。动态类信息描述事件不能有头无尾、半途而废，特别是报送正在进行中的事件，之后一定要有事件发展的最终结果，或相关决策在实施后的反馈信息。

（7）初级性。动态类信息是对原始信息材料进行初步加工整理成的，它不用对原始材料进行深加工，而是就事论事，实话实说，告诉人们在干什么或实际工作中发生了什么，重在反映一个地区、一个单位工作中的新动向、新问题、新发展，起到迅速沟通情况的作用，为领导决策提供依据。

三、动态类信息的功能

动态类信息是各级领导机关了解情况、掌握工作动态的重要途径，在帮助领导决策中发挥着巨大的作用，具有以下功能。

1. 为掌握局势提供依据

动态类信息所反映的内容十分广泛，而且能够准确地反映客观事物的发生、发展和变化进程。把有关各方面信息综合起来，就让领导对全局的发展情况、动向有所了解。同时，各级领导通常从动态类信息中首先接触到新情况、新问题，从而把握各方面的动态。从这两方面来讲，动态类信息为领导掌握局势打通了渠道，提供了资料，为领导机关作出科学决策、正确领导打下了良好的基础。

2. 帮助发现和解决问题

苗头性、倾向性问题的发生、发展及变化情况是领导比较重视的，而反映这些问题恰恰是动态类信息的任务之一。特别是动态类信息反映问题变化的完整性，有助于领导准确把握问题的全貌和具体细节，并能追踪有关决策的实施，及时对其效果进行反馈。

3. 为综合文字材料提供素材和线索

一方面，综合文字材料是以掌握大量初级信息资料为基础的，它是对初级信息的深加工，动态类信息就成为综合文字材料的资料库。另一方面，动态类信息能够给综合材料提供线索。例如一条动态类信息反映某一单位新做法，读者自然会联想其他地区这方面情况，它们之间有无联系和共同之处等，围绕这些问题收集资料并加以整合，就可能得到一篇专业程度较深的综合文字材料。

四、动态类信息的写作要求

编写动态类信息，最重要的是善于捕捉各方面有价值的动态情况，选取最佳的形式和角度，迅速地反映给信息需求者。

1. 实事求是

动态类信息的采写必须以写实的手法来完成，如实反映客观事物发生、发展与变化情况。无论是反映工作进展、重大事件，还是反馈国家重大决策落实情况，都要遵循实事求是这一原则。特别是动态类信息一般不对客观事实进行分析、论证和预测，它只是以白描的手法记叙事件和事实，要尽可能避免主观意识的干扰。

2. 深入调研

在实际工作中，现实情况无时无刻不在发生变化，新情况、新问题、新经验不断涌现。在纷繁复杂的变化中，有的容易被把握，有的却比较隐蔽，稍不注意就会被错过。因此，只有深入实际，进行调查研究，才能捕捉到价值较大的动态类信息。

3. 快写快报

要求信息工作者眼快，手急。能从瞬息万变的客观情况中抓住有用的信息材料，能从习以为常的常规工作中理出最新进展和最新动向，具备快速反应能力；能在最短的时间内把所要反映的内容以书面语言陈述清楚，具备文字上的速成能力。

五、动态类信息应注意的问题

（1）尽量使用规范化的语言。文字、句式要规范，避免使用方言和不规范的省略语。

（2）尽量使用概括的语言。简明扼要，叙述清楚，切忌重复臃肿。

（3）尽量使用确定性语言。是则是，非则非，语义界限明确，切忌含混不清。

（4）尽量使用叙述性语言。少发议论多记实事，切忌空洞无物。

六、常见动态类信息编写范例

1. 工作部署类

【参考范例】

公司进一步强化工程建设安全管理。针对近期发生的在建工程及所属施工企业分包单位人身伤亡事故，印发《关于进一步加强工程建设安全管理工作的通知》，要求各单位深刻吸取事故教训，在认真落实今年以来公司关于安全生产和基建安全管理各项要求的基础上，进一步强化基建安全管理各项工作，切实加强对基建安全全方位管控。一是认真开展“基建施工分包安全管理专项检查治理”活动；二是加强对施工、监理、设计企业工程建设相关业务的全方位安全管理；三是进一步加强施工方案和安全措施管理；四是进一步加强对各类施工机具的管理；五是加强夏季施工防汛防灾和安全管理；六是严格执行基建安全责任追究制度；七是组织专题研究基建安全工作，全力确保公司关于加强基建安全管理的各项要求得到落实，确保本单位基建安全稳定局面。

2. 重要活动类

【参考范例】

××月××日，××省能源大数据中心正式揭牌。省发展改革委主任××、公司董事长××出席揭牌仪式并致辞。省发展改革委副主任××，公司总经理××、总工程师××出席揭牌仪式。省能源大数据中心将承担制定并组织实施××省能源大数据发展战略和规划，构建能源大数据共享交换平台，采集、汇聚、加工、应用全省全品种全过程能源数据等职能。

3. 领导视察类

【参考范例】

××月××日，省委副书记、省长××赴公司考察春节期间电力保障工作情况，看望慰问节日期间坚守保电一线的电力员工，副省长××等一同调研慰问，公司领导班子陪同。××在调控中心听取公司春节电力保障、寒潮抗冰、新型电力系统建设等有关工作汇报，感谢公司2021年对××经济社会发展作出的贡献，肯定公司在电力保供、能耗双控等方面的工作成效。

4. 战略规划类

【参考范例】

近日，《××省“十四五”新型储能发展规划》正式印发。该规划明确了“十四五”期间全省建成新型储能装机××万千瓦左右，遴选出全省第一批示范项目。×××、×××2项大型共享储能电站项目入选示范项目。

5. 建设工程类

【参考范例】开工奠基

首条500千伏××型输电线路开工建设。近日，××—××500千伏××型输电线路正式开工建设。该线路全长××公里，穿越××山区，通过创新铁塔设计和导线布置，采用环保的基础设计和施工技术，可减少线路占地面积××亩，减少土方开挖量××万立方米，有效降低了对线路走廊生态环境的影响。

【参考范例】竣工投产

××电网500千伏××工程建成投运。该工程是完善××500千伏电网构架的重要系统工程之一，也是××重点电网建设工程，总投资约××亿元，包括新建500千伏××变电站和500千伏××至××双回输电线路，投运变电容量××兆伏安，对于满足××期间供电需要，推动××地区开发建设具有重要意义。

第五节 典型经验类信息写作

一、典型经验类信息的概念

典型经验类信息指反映各部门（单位）在工作中的新成效、新突破、新经验，便于上级领导及时了解本部门（单位）的工作或典型事例，更好地指导和推动工作的信息。典型经验类信息是在实践中创造出来，对实际工作具有指导、借鉴作用的做法和经验。

二、典型经验类信息的特点

典型经验类信息侧重于讲“怎么干”，主要具有以下三个特点。

（1）典型性。即代表性，总结、交流和推广的经验，要具有一定典型意义和普遍指导作用，可供各单位学习和借鉴。

（2）经验性。即抓住突出特点，总结出带有本质和规律性的东西。

（3）观点和材料的统一性。即总结的经验，观点要正确、集中、突出，材料要生动、具体、真实，应做到观点和材料高度统一。

三、典型经验类信息的种类

（1）工作经验型。偏重于提炼工作经验，一般按问题分类，即按照逻辑原则分类，用材料说明经验。

（2）先进事迹型。偏重于介绍先进事迹，把经验寓于事迹之中。

（3）综合型。经验和事迹并重，虽偏重于介绍事迹，在这方面花较多的笔墨，但也归纳出若干经验。

四、典型经验类信息的写作要求

典型经验类信息在写法上比较灵活，没有固定模式。开篇一般阐述基本情况、工作成效或提出问题。主体介绍基本经验，往往从提高认识、加强领导、发动群众、掌握政策、注意方法、正确处理好各种关系等方面入手，进行总结。结语一般写存在的问题或不足之处，展望未来等。开篇与结语应力戒重复。

五、典型经验类信息应注意的问题

（1）切口要小，有针对性，不要面面俱到。题目过大，很难写得深、写得好、写出特点。如“怎样做好政治思想工作”与“怎样做好后进青年的转化工作”相比，后者较易写。

（2）做好通盘谋划，精心构思，安排层次。最低要求，要做到层次分明、结构严密、重点突出、论点紧扣中心。如能做到角度新、有特色、不落俗套，则能出彩。

（3）用事实说话。不论是以经验为主还是以事迹为主，都要用事实说话。材料的运用要有点有面，点面结合。要注意写先进人物，通过其行动展示其先进思想，切忌见物不见人，见人不见思想。要精选几件最激动人心、最有特色，同时又能表现人物、阐明主题的主要事件。

六、典型经验类信息编写范例

1. 特色做法类

【参考范例】

×× 公司促进党建审计融合提升管理质量。针对近年审计项目增多、审计专业性政治性要求提高等情况，×× 公司以党建引领审计，推进业务融合，有效提升管理质量。**一是加强党建引领。**印发《关于全面加强党建引领审计工作高质量创新发展的意见》，明确夯实党建责任、强化理论武装、丰富活动载体等举措。成立党委审计领导小组，每年召开 × 次专题会议研究审计业务，2020 年就审计工作、问题整改等方面提出措施 ×× 条。**二是深化业务融合。**组织学习中央领导对审计工作的重要讲话和指示批示精神，结合年度党建工作报告、历年审计发现问题，动态修订完善审计标准，增加完善审计一体化管理体系、中介单位审计质量监督检查、工程建设项目跟踪审计指导等 × 项内容，确保符合专业和党建双重管理要求。**三是拓展教育维度。**每两月举办 ×× 审计光明讲坛，定期组织主题党日、沉浸式党课等活动。针对部分审计人员外出周期较长情况，设立审计项目临时党支部，委派优秀党员领导担任组长和主审，提升党员教育管理水平。

2. 先进事迹类

【参考范例】

省电力公司聚焦“三个服务”定位
建成能源大数据中心高质量推进数字化改革的做法及建议

近年来，省电力公司围绕省委省政府数字化改革决策部署，聚焦服务政府治理能力提升、服务能源行业转型升级、服务企业和社会便捷高效用能“三个服务”功能定位，在全国率先探索实践能源大数据服务政府治理，高质量建成 ×× 省能源大数据中心，着力优化全省能源数据资源配置、挖掘数据资源价值、构建能源产业生态。目前，该中心共接入电力、煤炭、石油、天然气等四大行业数据 ×× 余万条，覆盖省内金属冶炼业、纺织业等八大高能耗行业 ×× 户规上企业和 ×× 家重点用能企业；建成能源生产、传输、消费全过程运营监测体系、能源效率监测体系与碳排放监测体系，形成了具备承载各类能源数据能力的共享服务平台，为政府“整体智治”提供决策参考。

一、主要做法

（一）优化数据资源配置，服务政府治理能力提升。一是推动 2 项标准立项。联合省能源局推动《能源大数据中心通用架构和技术要求》等地方标准立项，规范能源数据采集、接入、管理标准，填补行业空白；联合 ××、××、××、×× 建成市（县）级能源大数据中心，探索数据融合路径，做好与政务一体化智能化公共服务平台贯通的技术储备。**二是**推出数据服务产品。研发“企业复工电力指数”“电力消费指数（EPI）”“夜间经济活跃指数”“乡村振兴指数”“电力碳排放指数体系”等 10 余项数据服务产品，为政府部门掌握政策落实执行情况提供数据辅助。如在 ×× 市推出“农业农村现代化能源发展指数”，从现代产业效能、美丽乡村绿能、品质生活惠能、融合发展优能 4 个指标，量化乡村振兴发展成效。**三是**常态化开展能源数据运营情况监测。发布覆盖区域、行业、企业多重维度的《一季度全省碳排放监测快报》，剖析能源供应、产业结构痛点，提出优化建议。

（二）挖掘数据资源价值，服务企业和社会便捷高效用能。一是精准服务企业用能需求。推出“亩用电指数”“企业用能观察”等产品，引导企业节能降耗，助力社会综合能效提升。支撑电、气、热等能源服务“一网通办”，为用能企业提供监测分析、能耗查询，提供不合理能源消费的解决方案，促进节约用能、降本增效。**二是**推出能效提升类产品。创新构建智慧用能服务产品，为企业提供数据资产管理服务、定制综合用能解决方案等。如在“×××”App 上线“能源碳码”，实现千余家重点用能企业碳排放水平测算和赋码，帮助企业直观掌握碳效水平和碳中和进程，及时开展节能改造。同时，积极探索能源与金融的融合实践，联合金融机构推出“×××”等绿色金融产品，将企业能效数据作为贷款授信和阶梯利率核准的依据，缓解低碳企业融资压力。**三是**推出民生改善类产品。聚焦民生实事，创新构建“转供电费码”“灾害指南针”等服务产品，实现“数据多跑路，百姓少跑腿”，如在 ×× 市试点推出“电力关爱码”，利用能源大数据，监测分析关爱对象的用能情况，根据异常波动生成红黄绿三色码，自动触发异常提醒信息，为独居老人带来安全保障。

（三）构建产业生态，服务能源行业转型升级。一是推进能源行业结构优化。发挥电力在社会经济发展中“晴雨表”作用，测算分析“碳达峰、碳中和”实现路径，为我省能源消费结构优化、火电机组建设、清洁能源外购等提供参考依据，解决能源行业同时实现清洁低碳、安全可靠、经济高效发展的“三元矛盾”。**二是**营造创新研究环境。筹建以碳减排和能源数据分析为方向的省级重点实验室，引进计算机科学、人工智能等专业化人才，开展关键核心技术攻关、示范场景建设和数据产品孵化。学习借鉴国际组织对于能源数据管理的最新研究成果，结合我国国情，初步形成与国际接轨的能源数据治理方案，为数字经济发展提供创新动力。**三是**深化合作共赢。与政府部门、科研机构、高等院校、专家团队建立密切合作关系，组织数字产业发展研究论坛，邀请 ××× 等最前沿的行业机构和产业链上下游企业分享数字化转型经验，多方联动探索建立可持续发展的市场化商业模式，为数字产业集群发展奠定基础，助力智慧能源、智慧城市建设。

二、相关建议

（一）建议能源大数据中心迭代建设纳入省数字化改革重点任务。建议支持省电力公司开展能源大数据中心的迭代建设和实体运营服务，推动能源大数据中心建设工作纳入省数字化改革重点任务，进一步提升能源大数据为政府决策、企业发展和社会公众提供公益性、普惠性服务的效能。

（二）建议建立跨行业数据共享协调机制。目前，除电力数据以外，煤炭、石油、天然气等能源数据的获取存在壁垒，接入的频度、深度不足，仍采取定期离线导入模式，建议以能源大数据中心为基础，建立电、煤、油、气、水、热等各类能源数据实时接入和管理机制，明确数据的归属权限、管理方式、应用范围等内容，实现全省能源运营情况实时监测，满足政府、用户多层次能源数据应用需求，进一步提升能源形势分析研判的准确性和事件干预的及时性。

3. 工作交流类

【参考范例】

××公司聚焦核心能力建设打造现代化班组

近年来，随着新业务新业态不断增多，××公司生产经营呈现“业务规模逐步扩大、管理要求逐步提升、用工数量逐步减少”特点。公司现有班组××个，班组成员平均年龄××岁，40岁以上占比××%，人力资源调配空间较小，部分班组结构性缺员和“老龄化”问题凸显。公司按照省公司卓越班组创建整体工作部署，聚焦“核心业务、激励机制、数智应用、队伍建设”四个关键，推动班组管理机制和作业流程升级迭代，提升基层基础整体水平。

一、主要做法

一是业务融合，打造核心优势。实施营配业务融合。将10千伏及以下业扩报装等7项业务全面下放至供电所，减少管理层级，提升市场响应速度。合并供电所高、低压服务班，按行政区组建高、低压融合的网格化供电服务班，推行1名高压客户经理加若干名台区经理的“1+N”网格化、组团式、全能型服务模式。建立以供电所为主导、专业部门支持的配网规划模式，由客户经理结合区域发展布局等要素自主确定配网规划和储备项目，避免规划、项目“两层皮”。**推广运检一体化**。建设集变电运维、检修、监测于一体的全能型集控站，明确运检班承担变电站运维监控、缺陷处理、综合检修等业务，检修班承担复杂消缺、大型技改等专业性较强业务，监控人员与运检人员每三个月进行岗位轮换，推动运检与监控专业深度融合，提升设备主人工作效率。运行以来，变电设备消缺、综合检修工作效率分别提升××%、××%，变电站存量缺陷由×个/

站下降为 × 个 / 站。

二是数智运用，提升工作质效。加强智慧营业厅建设。推广 ××e 助手，建设多功能无人化营业厅，提升客户业务办理体验便捷度。利用 ×××、××× 和 ××× 等数字工具，建立线上工单管理中心和工单质量评价中心，逐步实现供电所业务线上跟踪管控。**建立无人机智能巡检体系**。完成 10 千伏线路无人机激光云点三维建模、飞行作业、数据回传和缺陷识别功能开发，全面开展精细化巡检、工程验收、带电检测、故障特巡等作业，实现所有配网线路无人机自主巡检、所有工程项目无人机竣工验收，推动“人机协同”模式向“机器代人”模式转变。**深化数智化技术应用**。应用远程一键顺控技术，程序化切换设备运行、热备用、冷备用状态。研发 10 千伏开关柜智能操作机器人，实现开关柜运行与冷备用状态间自主操作、设备状态自动巡检与确认等功能，工作效率提升 ××% 以上。

三是多维激励，增强干事动力。突出“公平 + 绩效”考核导向。完善班组二次分配考核体系，打通 ××× 之间的奖金池，建立“常规工作保底、额外工作加分”考核模式，真正让想干事、能干事、干成事的人得到实惠，提升班组自我驱动力。**推广班组薪酬包干制**。按照“增人不增资、减人不减资”思路，实施以业务定员为基础的薪酬包干。综合考虑业务外包情况，对缺员班组给予相应补贴。各班组按照各类岗位人员实际工作量，自主确定绩效奖金和特岗津贴发放模式，员工绩效薪酬差距达到 ×× 倍以上。**实行班所挂点驻点**。成立由 1 名公司领导班子成员挂点 +3 名部门管理人员驻点的挂点驻点团队，帮助基层班组补强管理短板、提升弱项指标。包干部门与相应班所的组织绩效按季捆绑考核，对优秀挂点驻点部门、最快进步班组给予年度绩效奖励，优秀个人优先列入后备干部名单，提升激励工作质效。

四是建强队伍，激发内生动能。建立“回炉”培训管理机制。梳理班组长履责清单，对思想滑坡、反响较大、履职不到位的班组长进行 3 至 12 个月的调岗培训，对应调整薪资系数。对培训期满考评不合格者给予延期培训至降职（级）处分，提升干部干事创业动能。**开展班所自主培训**。分专业从低阶到高阶制定分层次《员工技能清单》，班组自主制订全年培训计划、按月组织集中轮训、按季开展实战练兵，提升业务技能水平。**实行员工星级评定**。根据作业难度和风险等级将各岗位业务设置为一至五级，综合员工技能等级和工作业绩评定星级水平，评定结果与岗薪工资相挂钩，做到技能与作业难度相匹配、人员星级与绩效激励相匹配。

二、面临的挑战及对策建议

一是加强业务培训，打造复合型人才队伍。新业务新业态对基层班组的响应速度和质量提出了更高要求，但受班组结构性缺员和“老龄化”等问题影响，员工技能水平、知识储备未能有效满足新业务新业态要求，班组业务承载能力面临挑战。**建议**按照人员“一岗多能”职责要求，分专业建立并推广员工技能升阶清单、星级评定标准，综合运用内部轮岗、多专业交叉培训、员工点单式培训等形式，加强复合型人才培育力度。按实测算业务工作量、难度等级，建立针对性的绩效量化考核评价体系，强化多劳多得。

二是紧扣核心业务，提升班组创新创效水平。基层班组部分核心业务一些程序上 ×××，对公司 ××× 带来不利影响。**建议**精简 ×××、××× 等流程，××××。推广班所“挂点驻点”帮扶模式，通过主动送服务、送诊断、送方法，实实在在为基层解难题。

三是深化数智运用，增强班组自主管理能力。基层班组应用新技术、新设备的同时，××××。**建议**全面梳理 ××××××，实现 ××××××，推动班组实现自主完善。

第六节　情况分析类信息写作

一、情况分析类信息的概念

情况分析类信息，是对反映的情况进行分类筛选、比较鉴别和综合整理，为上级决策提供有价值的信息。通过分析，可以预测事件的发展趋势，便于及时掌握事件中出现的普遍性、倾向性和苗头性的问题。通过个别看一般，透过现象看本质，通过偶然看必然，对一些零散的、个案式的数据资料和情况问题进行综合分析处理，可以使最初原始的信息发挥更大的价值，从而把握、反映该事态发展，进而掌握工作中带有普适性的规律，更好地解决问题、指导工作。

二、情况分析类信息的特点

1. 互动性

情况分析类信息在介绍本单位的做法之余，直接表达观点、意见，可以为阅读信息的读者提供更加多元、深层次的内容服务。与经验类、动态类的信息不同，分析类信息是给上级单位分析观点、表达意见为主的信息，有思路和观点的表达和传递，具有强化观点、引发思考、引导言论的功能。

2. 逻辑性

情况分析类信息需要有一定深度的逻辑推理，在对事件分析过程中，对现象、现状进行剖析，更注重前因后果的梳理，通过论证式的描述得出表达的观点和结论。与动态类、典型经验类不同，不单纯是特色亮点和举措的展示，而是有层次、递进式的观点表达。

3. 技巧性

情况分析类信息要善于使用分析技巧和方法，不仅限于表述现象内容，还要通过各类论证方法进行深化。如举例论证、对比论证、比喻论证、引用论证、归纳论证、演绎论证、类比论证、因果论证、规律论证等，善于使用客观数据、案例辅助分析。

三、情况分析类信息的种类

情况分析类信息涉及各类管理事务领域，可以采用不同的研究方法。根据不同的划分标准，可以将信息分析划分成不同的类型。其中，按照内容划分，可以分为跟踪型、比较型、预测型三种。

1. 跟踪型分析

该类型是信息基础性工作，无论何种领域的信息分析研究，没有基础数据和资料都难以工作。跟踪型分析又可以分为技术跟踪型和政策跟踪型两种。常规的方法是信息收集和加工，通过文献、事实或者数据，加上一定的定性分析。该类信息可以用于掌握各个领域的发展趋势，及时了解新动向、新发展，从而做到发现问题、分析问题。

2. 比较型分析

比较型分析是广泛应用的方法，只有通过比较，才能认识不同事物间的差异，提出问题、确定目标、拟定方案、进行实践。比较可以确定不同事物直接的相同点和不同点，对各个事物的内部矛盾和各个方面进行比较后，就可以把握事物间的内在联系，认识事物的本质。比较可以是定性的，也可以是定量的，或者是定性、定量相结合的。许多经济分析都会采用比较分析，如“同比”“环比”等。

3. 预测型分析

这类信息利用已掌握的情况、知识和手段，通过一定的方法，预判事物的未来发展状况。预测分析的要素有预测者、预测依据、预测方法、预测对象、预测结果。预测可以分成多种类型，如按照预测对象和内容可以分为经济预测、社会预测、科学预测、技术预测、军事预测等。预测型分析涉及的应用范围非常广，大到为国家宏观战略决策进行的长期预测，小到为企业经营活动提供的短期市场预测。

四、情况分析类信息写作要求

情况分析类信息最关键的是要有“分析”的内容，这是该类信息必备的要素内容。同时不同内容的情况分析类信息，写法上各有侧重。

1. 跟踪型分析写法

在组织内容和选题过程中，可以考虑追踪上级法律法规、重大政策出台后基层贯彻执行情况、影响情况，工作部署后基层组织实施情况。在撰写过程中，要重点把握热点问题进展情况、突出问题的追踪，便于决策者掌握问题本身及其影响，了解初步的解决情况。

2. 比较型分析写法

可以采用横向比较，把性质相同的两种或两件以上事物横向进行比较，从中找出异同处，然后将要反映的情况或问题并列排放，对比叙述。纵向比较，将事物自身的现状和历史的情况或问题按发生、发展的脉络纵向进行比较。同向比较，将同类的情况或问题进行对比分析，在同向中析异。反向比较，将正反两方面不同性质的情况进行对比，从反差中反映问题以及解决问题后发生的变化。

3. 预测型分析写法

预测方法可以分为定性预测和定量预测，例如经济预测中，不同产业的产值、利润、增加值、增长率都可以成为定量分析的数据来源，再利用模型分析、因果联系、时间序列等预测方法进行预测。对于政策性强、时间跨度大、定量数据缺乏的信息，更多侧重于定性分析预测。

五、情况分析类信息应注意的问题

（1）在信息主题方面，宜选择符合上级决策者关心关注的、影响力较大的情况。这更容易引起决策者的关注，更能够发挥信息参谋辅助的作用，关系整篇信息的内容价值。

（2）在信息框架方面，情况分析类信息框架相对固定，信息核心主线一般为基本情况、情况分析、启示建议，在情况分析中可以包含现状分析、成因分析、影响分析等内容。

（3）在情况分析方面，对分析深度的要求较高，不能单独罗列数据、内容，然后直接得出结论，而应当通过前文提到的分析方法，补齐现象与结论之间的逻辑链条，能够让阅读者信服，不产生疑问。

（4）在文字表述方面，信息中对于文字的要求与总结报告不同，核心要义是需要将情况讲清楚、准确，高度提炼、修饰美化、有感情色彩的语言不宜用在信息中。特别是在情况分析类信息中，应当注意语言表述，否则将影响分析所得出的结论。

六、情况分析类信息编写范例

以下重点列举跟踪型分析、比较型分析编写范例并作解析。

1. 跟踪型分析参考范例

《××省公共数据条例》解读及对××企业的影响分析

2022年初，××、××、××、××等多地出台数据相关的地方性法规，其中《××省公共数据条例》是全国首部以公共数据为主题的地方性法规，对××企业经营业务、数据管理、服务行为产生重大影响，并可能成为国家和其他省市地方公共数据立法的参考借鉴。

一、《××省公共数据条例》解读

《条例》共八章五十一条，对公共数据平台建设、公共数据的收集与归集、共享、开放与利用、安全、法律责任等方面进行全面规范，其中有四个方面内容需重点关注。

一是首次将××单位数据纳入公共数据范畴。《条例》明确规定，供水、供电、供气、公共交通等公共服务运营单位，在依法履行职责或者提供公共服务过程中收集、产生的数据属于公共数据。

二是明确共享与开放利用原则。《条例》明确提出，公共数据应当以共享为原则、不共享为例外；列入受限共享数据的，应说明理由并明确共享条件；列入不共享数据的，应提供明确的法律、法规、规章或者国家有关规定依据。

三是强化数据安全管理。《条例》确立了谁收集谁负责、谁使用谁负责、谁运行谁负责的数据安全责任制，明确各单位主要负责人为数据安全工作第一责任人，建立了数据处理安全评估、第三方服务机构监管等制度，对数据安全管理做出了体系化、实质性的制度设计。

四是明确界定法律责任。《条例》规定，公共服务运营单位如未及时向公共数据平台归集数据或者归集数据不符合标准要求的，以及未按照规定共享或者开放公共数据的，应当在规定期限内完成整改。如未按照要求整改，公共服务运营单位将面临本级人民政府的通报批评；情节严重的，将严肃处理负有责任的领导人员和直接责任人员。

二、对 ×× 企业的影响分析

《条例》的出台，对 ×× 企业数据管理、共享开放提出更高要求，也为综合利用外部公共数据、加快数字化转型提供了合法渠道。

一是公共数据范围不明确，需结合实际细化落实法律规定。《条例》规定“×× 服务过程中收集、产生的数据”界限不够清晰，×× 企业公共数据的内容、频度、维度等都不够具体明确。需要 ×× 企业结合生产经营实际，遵循有关法律法规，深化研究明确 ×× 企业公共数据的具体范围，依法编制公共数据子目录，特别是对受限数据及不共享不开放数据要明确条件和依据。

二是归集明细数据不符合公司管理要求，需主动规避法律风险。在网络安全、数据安全、个人信息保护等法律框架下，《条例》赋予公共数据主管部门归集 ×× 企业明细数据的权利，这与公司明细数据不出云的管理要求相冲突。在 ×× 条例、×× 合同等未修订相应条款的情况下，一旦出现敏感数据失泄密事件，×× 企业将面临较大的法律风险。需要 ×× 企业积极配合相关政府部门，共同制定公共数据脱敏脱密技术规范、公共数据安全管理制度、安全防护技术规范和标准等文件。

三是对数据管理提出更高要求，需进一步完善数据管理工作机制。《条例》对数据的归集质量、申请共享数据的审批时限等作出规定，这对 ×× 企业加强数据质量全过程管控、快速响应共享需求提出更高要求。需要 ×× 企业对内加强数据资源统一管理，一口对外提供数据，确保数据需求响应及时、主体责任明确、流程运转顺畅、安全风险可控；对外建立统一的外部数据获取共享机制，完善对外提供数据闭环治理机制，提升外部数据获取效率。

四是信息系统运维面临更大压力，需加快公司信息系统适应性调整。《条例》实施后，公共数据标准将逐步统一，社会公众的监督和异议机制不断完善，×× 企业数据需遵循平台规定，数据规范性、及时性、准确性要求更高。同时，按照平台接入要求，×× 企业需要升级改造企业自身数据平台服务接口，以满足高效共享、开放与利用数据的需要。而向平台提供数据，需定期访问、抽取与计算 ×× 企业数据，也将对信息系统带来较大的运行压力和安全风险。

三、有关工作建议

一是关注数据立法动态，主动争取 ×× 企业合法权益。已出台数据地方性法规的，属地 ×× 公司应深入研究法律条文，积极争取 ×× 公共数据开放共享的主动权，进一步细化公共数据目录和开放数据清单。尚未出台相关法律的，要密切关注立法计划，结合 ×× 大数据中心建设等实践优势，将公司核心诉求纳入立法。对《×× 法》等国家立法中涉及数据内容给予重点关注。

二是依托各省 ×× 大数据中心，推进数据内外双向共享。通过地方性法规，争取 ×× 大数据中心参与公共数据管理的合法地位；积极参加公共数据平台建设，贯通××大数据中心与公共数据平台，促进相关××行业的公共数据在××大数据中心汇聚。依托××大数据中心的技术能力，实现××企业对外提供数据的统一管理。

三是分级分类制定清单目录，规范完善审批流程，实现依法共享开放。按照各省地方性法规要求，加强顶层规划，按照最小、够用的原则，做好××数据分级分类管理与资源盘点，形成公司对外共享清单和开放目录。建议统筹数据共享开放，对照最新法律法规对内部管理要求再梳理、再优化，完善公共数据对外提供的职责、范围、审批流程与风险防控措施，强化对外部数据资源的获取与利用。

四是优化技术路线方案，坚持数据安全合规利用，安全可靠提供公共数据。牢固树立能源安全和数据合规理念，依法处理好数据安全、网络安全、个人信息保护与数据接入政府公共数据平台的关系，探索通过可信计算等“数据可用不可见”等技术，同时满足政府数据需求和数据保护要求。充分发挥数据中台的数据聚合、分析处理能力，避免生成对外提供数据直接访问信息系统带来的压力。基于人工智能提升数据管理自动化水平，实现数据目录自动编制、敏感数据自动识别、数据质量问题主动发现，保障公共数据安全开放。

【范例评析】

（1）该信息主题角度精准有力。该信息选点及时，在地方性法律出台的第一时间即组织成稿，抓住了新情况，分析了新问题；选点与企业自身密切相关，深度结合了企业自身管理中的行为和做法，价值性强；选点影响力足，因为地方性法律对其他省份地市具有一定参照借鉴意义，并有可能影响国家立法，以点带面、影响深远。

（2）该信息分析缜密重点突出。该篇信息的第一部分没有引用通常的立法说明或者官方新闻发布会中的“立法特色亮点”进行生搬硬套，而是进行了总结归纳，选取了对企业影响最为关键的四个部分。该信息第二部分对于立法条款的影响进行了三个层次的分析，首先是对条款内容分析，探讨其直接影响；其次说明该变化对于企业管理的影响，从一般到特色，演绎式、递进式的表达，更容易让阅读者理解；第三，通过分析得出相应影响后，再度深化，提出需要企业开展的工作。层层深入，分析缜密。

（3）该信息写法文字清晰准确。该篇信息在分析部分明确点出“公共数据子目录”“受限数据及不共享不开放数据要明确条件和依据”等已细化业务领域的具体内容，能够让读者更加明白地方立法带来的影响。反之，若只是写到“研究属于××企业公共数据内容”即戛然而止，则信息量便显得不足，也不能够体现分析的深度和价值。该篇信息在建议部分细化到“公共数据对外提供的职责、范围、审批流程与风险防控措施”，上级相关主管部门即可按图索骥，通过这几个维度开展工作，提高了建议的适用性。

2. 比较型分析参考范例

10月份××经济运行平稳

10月份，××省深入学习贯彻党的二十大精神，按照习近平总书记“疫情要防住、经济要稳住、发展要安全”要求，坚决贯彻落实党中央、国务院决策部署，面对疫情积极应对，全力打赢稳进提质和除险保安攻坚战，经济运行总体延续恢复态势，主要经济指标保持平稳。

一、工业生产保持稳定，新兴产业引领增长

1—10月，规模以上工业增加值18083亿元，同比增长5.4%，增速与1—9月持平。其中，数字经济核心产业制造业增加值增长12.6%。战略性新兴、高新技术产业、装备制造业等产业增加值分别增长11.5%、7.1%和7.1%，增速分别比1—9月加快0.2、0.2和0.1个百分点。民营企业增加值增长6.3%，增速比1—9月加快0.1个百分点，增加值占规模以上工业比重70.0%，比1—9月提高0.1个百分点。10月份，规模以上工业增加值1813亿元，同比增长5.2%。

二、制造业投资较快增长，商品房销售降幅收窄

1—10月，全省固定资产投资同比增长10.1%，增速比1—9月加快0.1个百分点。其中，制造业投资增长16.2%，高于面上6.1个百分点。工业企业技改投资、项目投资、基础设施投资分别增长18.2%、14.4%和11.2%。高新技术产业投资增长20.6%，生态环保、城市更新和水利设施投资增长29.7%，交通投资同比持平。房地产开发投资增长4.6%。商品房销售面积、销售额分别下降34.1%和35.8%，降幅比1—9月收窄1.3和1.1个百分点。

三、消费保持恢复增长态势，线上消费带动作用明显

1—10月，社会消费品零售总额24742亿元，同比增长4.5%，增速比1—9月加快0.3个百分点。其中，商品零售同比增长5.1%，增速比1—9月加快0.2个百分点；餐饮收入同比下降1.0%，降幅比1—9月收窄0.2个百分点。线上消费带动作用持续显现，限额以上单位通过公共网络实现的零售额同比增长21.9%，增速比1—9月加快0.2个百分点。权重商品贡献较大，汽车类零售增长11.5%，比1—9月加快1.6个百分点。生活类商品消费稳定增长，限额以上单位粮油食品类、饮料类商品零售额分别增长11.1%、13.4%。10月份，社会消费品零售总额2964亿元，同比增长6.2%。

四、进出口较快增长，贸易结构优化

1—10月，进出口、出口、进口分别为3.90万亿元、2.87万亿元和1.03万亿元，同比增长16.0%、17.7%和11.7%。对欧盟、美国、东盟进出口分别增长13.9%、9.9%和20.6%，对“一带一路”沿线国家、其他RCEP成员国进出口分别增长23.9%和13.7%。高新技术产品、机电出口分别增长36.2%和14.2%。民营企业进出口增长19.8%，占全省进出口总值的77.9%。10月份，进出口、出口、进口分别为3744亿元、2679亿元和1066亿元，同比增长3.4%、-1.5%和18.1%。

五、货运量月度降幅收窄，工业用电量大幅回升

1—10月，货运量下降2.1%。10月份，货运量同比下降3.5%，降幅比上月收窄0.7个百分点。其中，公路货运量下降5.7%，降幅收窄2.2个百分点。

1—10月，全社会用电量、工业用电量分别增长5.1%、1.4%，制造业用电量同比持平，分别比1—9月加快0.3、1.2和1.4个百分点。10月份，全社会用电量、工业用电量、制造业用电量同比分别增长7.9%、13.1%和13.7%，增速比上月加快13.6、13.3和14.8个百分点。

六、居民消费价格、工业生产者价格涨幅均回落

10月份，居民消费价格（CPI）同比上涨2.0%，涨幅比上月回落0.9个百分点。八大类商品及服务价格同比“六升二降”，食品烟酒、交通通信、生活用品及服务、其他用品及服务、衣着、教育文化娱乐类价格分别上涨4.6%、2.9%、1.9%、1.9%、1.2%和1.0%；居住、医疗保健类价格分别下降0.2%和0.1%。10月份，CPI环比下降0.2%。1—10月，CPI同比上涨2.3%。

10月份，工业生产者出厂价格同比上涨0.3%，涨幅比上月回落1.9个百分点；环比上涨0.1%。工业生产者购进价格同比下降0.9%，比上月回落2.8个百分点；环比上涨0.2%。1—10月，工业生产者出厂价格、购进价格分别上涨5.0%和7.9%。

七、扣除留抵退税财政收入保持增长，金融机构存贷款同比多增

1—10月，一般公共预算收入同比下降1.7%，扣除留抵退税因素后增长6.5%。其中，税收收入下降7.5%，扣除留抵退税因素后增长2.2%。一般公共预算支出增长12.6%，其中，科技、卫生健康、粮油物资储备支出分别增长35.1%、39.0%和31.6%。

10月末，金融机构本外币存、贷款余额分别为19.2万亿元和18.8万亿元，同比分别增长14.6%和14.8%。其中，企（事）业单位贷款余额增长19.1%，住户贷款余额增长9.0%。1—10月新增存、贷款分别为2.09万亿元和2.19万亿元，分别同比多增5881亿元和2027亿元。

总的来看，10月份全省经济延续恢复发展态势，保持平稳运行。但要看到，国际形势更加错综复杂，国内疫情新发多发，内外需求明显收缩，经济恢复面临的不稳定、不确定因素仍在增加。下阶段，要全面贯彻落实党的二十大精神，持续推进经济稳进提质攻坚行动，打好全年收官战，以××的“稳”和“进”为全国大局多贡献多担当。

【范例评析】

此篇是较为典型的经济运行情况分析信息，标题即结论，而后以经济运行数据为材料，用同比比较、分类比较等方法进行深入分析，印证标题所阐述的分析结论。例如“1—10月，全社会用电量、工业用电量分别增长5.1%、1.4%，制造业用电量同比持平，分别比1—9月加快0.3、1.2和1.4个百分点。”比较了10月与1—9月的情况。在“10月份，全社会用电量、工业用电量、制造业用电量同比分别增长7.9%、13.1%和13.7%，增速比上月加快13.6、13.3和14.8个百分点”，分类比较、细化分析了同比增长的不同统计口径情况。

第七节　问题建议类信息写作

一、问题建议类信息的概念

问题建议类信息，一般是下级对上级的建议，主要目标是为上级出谋划策的信息，通常是反映不足短板、问题困难以及希望上级给予支持的动态信息。问题类信息日益成为政务信息重要组成部分，比较容易引起上级单位的高度关注。

二、问题建议类信息的特点

1. 时效性

问题建议类信息具有较强的时效性，发现问题应当第一时间组织分析，判断是否需要向上反映。问题不解决可能会影响到政策执行、工作推进、项目实施等，基层问题及建议不能及时反馈到决策者，容易导致决策者忽视问题的实际情况，不能及早听取相关建议。因此问题建议类信息要求及时、快速、有效地收集、传输和处理。

2. 发展性

事物发展都有一个阶段性，特别强调要用发展的眼光看问题，不同阶段问题的表现不同，所对应的建议也相应不同。问题建议信息也需要注意伴随时间的进展变化，把握问题的发展态势，关注新问题的大影响、老问题的新进展，进行信息报送。

3. 突发性

部分问题建议类信息一般事先无法预测或者未能预料，事先没有考虑防范过程中出现的问题和困难，往往事发突然，未能预料。因此，问题建议类信息通常滞后于事件发生的时间，在实际工作中要善于抓苗头、抓风险，使其更具有预见性。

4. 内部性

许多问题建议类信息涉及国家、社会和大众的安全利益、经济利益等，如果广泛公开，容易引发社会舆论，形成断章取义等错误理解，影响社会稳定，反而不利于问题的解决。部分问题建议属于内部事项，应当在一定的时间、范围内采取保密措施。

三、问题建议类信息写作要求

1. 以决策者视角编写信息

问题建议类信息编写过程中，应当站在决策者的角度看问题，研究全局工作中的重点、难点问题，提出意见和建议，供决策者参考，好的建议类信息能够促进问题的解决。同时，要以普遍适用为目标编写信息，注意建议的普遍适用性，考虑评估个案或者试点所得出的建议能否广泛推广，方便决策者进行判断。

2. 选取合适时机合适角度编写

（1）关注领域内重大影响的问题。本领域、本专业发生的重大影响的事件、现状，比较容易引起上级决策者对于相关问题的关注，因此，可以剖析事件中存在的问题，分析其中得到的启示，进而提出下一步工作的完善建议或者经验推广建议。

（2）关注重点整治的问题。对于重点整治的问题，可以深度地了解相关问题，将来龙去脉交代清楚，点明造成问题的直接原因，找出问题的根源和实质，呈现出的新情况、新特点等，提出进一步完善工作建议。

（3）关注政策部署实施问题。认真研究上级政策规定，及时反映问题、提出建议。各级政府的重大政策、工作方案出台后，决策者关注基层执行情况、实施情况，了解执行过程中值得推广的经验、应当予以重视的问题、需要修改完善的规定等。要通过问题建议类信息及时总结、及时反馈、供领导参考，促进政策措施落地实施，持续完善。

（4）关注正在酝酿解决的问题。对上级正在酝酿解决的问题，根据现实情况及时提出建议，对政策、方案的完善出台有一定参考价值，相比在政策实施过程中提出，在此阶段进行反映更能够发挥信息参谋辅政的作用。

3. 编写问题建议要明确具体

问题建议类信息要把事件基本情况介绍清楚，指出问题所在，分析问题产生的原因，对发展的趋势做出预测，提出具体建议或请求上级予以帮忙的具体内容。写问题要聚焦，避免泛泛而谈、老生常谈，做到情况典型、对事件的认识和表达明确。建议应当明确具体、考虑全面、具有较强的操作性，要有创见性、有较强的实用价值，真正做到“语当其时，读当其用”，切勿过于宏观、浮于表面。

四、问题建议类信息应注意的问题

（1）问题建议类信息在确定选择反映问题的主题后，寻找的问题切入口和角度应当更加细化具体，从小切口反映大问题。

（2）问题建议类信息的核心主线，通常写法一般为基本情况、问题与挑战分析、启示建议。基本情况部分应当与问题挑战相关联，笔墨不宜过多，将情况客观表述清晰即可；问题部分是该类信息的重点，需要客观真实和准确；启示建议部分是为解决问题而提出的建议，需注意根据信息报送对象的层级不同、根据阅读对象职权范围进行有针对性安排。若是实施过程中的问题，还可在基本情况中描述目前主要做法及成效。问题建议类信息不宜过大篇幅地表述工作成效、特色亮点。

（3）在反映问题建议类的信息中，对于问题的描写十分关键，既需要精炼突出，也需要完整；既需要直达痛点难点，更需要真实客观；反映的问题一般应当具有普遍意义，有数据案例佐证。

（4）在信息使用比喻等形象表达时，也应注意尺度，不宜过度渲染、胡乱比喻、高度总结，应当选择真实贴切的关键词，方能增强信息可读性，促使其更加通俗易懂。

五、问题建议类信息编写范例

以下列举四类问题建议类信息编写范例并作解析。

（一）反映有重大影响的问题

【参考范例】

构建现代 ×× 核心班组的探索实践与启示建议

近年来，×× 规模保持高速增长态势，×× 坚持管理下沉、重心下移，以 ×× 为试点，夯实班组管理基础，推动创新转型突破，为保障 ×× 供应提供坚强保障。

一、核心班组建设基本情况

×× 下辖 ××181 座、员工 181 人，是专业人才、核心技术、重点任务集中的前沿阵地。×× 率先探索 ×× 管理转型，推进 10 个“本领全面过硬、管理科学高效、业务现代智能”的核心班组建设，近 5 年在人员“零增长”、设备数量增长 50% 的情况下，实现设备缺陷下降 50% 的目标。

一是坚持教培精深，抓好班组专业队伍能力提升。加大全员实训力度。建设全专业实训基地，举办内部技能竞赛等日常培训，实现“自己都能干”。制定“育苗计划”，制定分阶段培养方案，工作负责人培养时间从3年减少到2年，实现“新人也能干”。加强技术骨干培养。围绕××等重大任务开展专项攻坚，组建骨干专家会诊团队，发挥“专科医生＋全科医生”合力，实现“攻坚带头干”。

二是坚持数字赋能，抓好班组管理模式变革。打通专业墙，让业务管理更扁平。建成数字化××管控中心，开发“检修e平台”微应用，集成15个系统平台，实现计划任务一键下达、生产资料一键可取，缩短故障应急响应时间40%。打破大锅饭，让员工薪酬更透明。建立班组卓越绩效管理体系，在线量化评价工作量和贡献度，并与薪酬激励挂钩，实现业务工单化、工单数字化、数字绩效化，创造工分靠挣、多劳多得的竞争氛围。

三是坚持创新创效，抓好班组核心业务转型。业务向现代复合型转变。设置新型技术拓展应用班，拓展××、××等新业务，选线正确率达到××领先水平。技术向远程智能型转变。转变以往人工定期检修作业模式，创新“远程评估＋状态检修”模式，缩短设备检修时间，提升运检质效。

二、核心班组建设过程中的启示及挑战

目前，基层班组部分业务依赖外委外包，××总部提出加快核心业务回归要求，对班组核心业务能力提出更高要求。××先行探索核心班组建设经验，在建设过程中有三方面体会：

一是核心班组“年龄老化”“人少活多”，业务承载力下滑。培养核心业务能力要从低端体力型向高端智力型转变。人员结构方面，基层班组对年轻员工吸引力不足，呈现年龄结构老化特征，以××专业为例，45岁以上员工占比超过50%、30岁以下占比约20%。业务量方面，基层业务要求高、变化快，近3年班组业务量平均增长率超过30%，但人员“零增长”“负增长”问题尚无法完全解决，基层班组人员精力有限，重复性工作任务压力较大。

二是系统终端“多而不精”“有而不优”，实际操作使用不便。提升核心业务效率必须做到实用便捷智能。对上，各专业垂直部署多个系统终端，但专业数据“烟囱”过多，班组日常需同时操作10余个内勤系统和2个外勤终端，导致重复录入、效率降低。对内，数字化绩效考核体系仅在试点应用，尚缺乏大规模推广应用的配套机制，亟须健全完善工作量智能统计和精细分配方式，以薪酬激励增强一线员工积极性、主动性。

三是班组业务“多头管理”“复合程度高”，业务开拓存在瓶颈。提升创新动力必须建好平台发挥价值。组织架构方面，机构设置未能跟上业务更新，尤其是针对基层班组的职责权限、岗位设置未形成管理制度，部分业务归属多专业条线管理。人岗匹配方面，新业务涉及××、××、××等综合性专业，单一知识体系难以支撑班组转型，但复合型人才培养难度大、时间长，培养周期普遍在3年以上。高学历人才积压在班组，从事重复性体力工作，缺少创新平台和机会，

限制其价值发挥。

三、加快核心班组建设的工作建议

一是夯实管理基础，健全核心班组建设配套制度体系。建议××总部加快好经验好做法的总结提炼，形成可复制推广的核心班组建设模式，出台运检合一、薪酬激励等体制机制创新突破的指导意见，加大从基层培养、选拔人才力度，推动专业融合、绩效考核、选人用人更加科学规范。

二是鼓励先行先试，给予基层单位数字化建设更大创新空间。建议××总部允许基层单位因地制宜拓展数字化微应用，整合专业管理系统终端，激发数字化应用效能。定期收集基层业务创新需求及案例，选取一定范围扩大应用覆盖面，由点及面推广成熟运作模式。

三是加强宣传引导，提高青年员工去基层锻炼的积极性主动性。××在调研期间提出要主动去基层、主动下班组，在班组中积累经验、成长成才。建议××总部以党建引领加强青年员工政治思想教育，鼓励青年员工去基层一线经受锻炼、增长才干，同时搭建基层创新创造平台，在科技攻关、技术创新等方面给予适当支持与帮助，营造“愿意留、值得留”的良好氛围。

【范例评析】

（1）问题选择贴近基层反映实际。该篇信息选取了核心班组建设过程中的问题进行反映，因为基层班组是企业的最末端管理单位，是企业管理的基础，通常也是企业的决策者、管理者关注的重点，所以组稿信息的价值更加突出。但班组管理工作已有多年积累，需要充分调研新情况、新问题，就最为突出的困难作为切入点进行反映，避免蜻蜓点水、浮于表面或者老生常谈的问题。在选择问题切入口时，该信息以贴近基层反映实际为原则，置身于班组一线，结合现代核心班组建设几大要素，即人才队伍、数字化转型、核心业务自主实施，既是新要求下几个亟待突破的关键点，也是基层班组成员感受较深的难点，能够引发部署核心班组建设的决策者和基层班组成员的共鸣。

（2）框架层次清晰。该篇信息第一部分是“核心班组建设基本情况”对于企业班组建设主要做法进行了概览式的描写，选取了重点内容，谋篇布局恰到好处；第二部分核心班组建设过程中的启示及挑战是本篇信息的重点，从人员队伍、数字化管理、核心业务转型三个基层班组最为突出的难点痛点进行反映；第三部分给出了加快核心班组建设的工作建议，进行了有效闭环。

（3）反映问题直观易懂。该篇信息中应用了较多的数据、实际案例，能够让问题类信息反映得更加真实可信，凸显出问题的严重性和紧迫性。如针对核心班组“年龄老化”“人少活多”的情况，在人员结构方面，提出“以××专业为例，45岁以上员工占比超过50%、30岁以下占比约20%”，以举例的形式，凸显年龄老化，说服力强。在业务量方面，提出“基层业务要求高、变化快，近3年班组业务量平均增长率超过30%，但人员‘零增长’‘负增长’问题尚无法完全解决”，既用了实际的数据，也用了对比的方法，将问题直观地进行展现。该篇信息写法流畅，层次清晰，可读性较强，文字运用简洁但信息量充分。特别是反映问题的标题，通过关键词，生动地点出了核心关键，让阅读者更加明白易懂，如系统终端“多而不精”“有而不优”、班组业务“多头管理”“复合程度高”等，能够较快地抓住问题痛点。

（二）反映重点整治的问题

【参考范例】

农村未批乱建问题及对策

根据目前的农村状况，就土地资源而言，农村宅基地建设粗放、混乱，发展产业的农业设施规划缺乏、管理不到位，造成农村未批乱建屡禁不止，亟待强化宣传和监管。

一、农村土地资源利用管理方面存在的问题

规划严密性不强和可操作性差。随着经济社会的快速发展，工业化、城镇化的步伐日益加快，上一轮土地利用总体规划的严密性不强和可操作性差日渐显现，土地规划在土地利用中并没有起到应有的“龙头”和“笼子”作用，规划的实用性、预见性、科学性、市场性严重不够。同时上一轮土地利用总体规划编制实施以后，没有及时编制出相应的村镇建设规划，村民建房选址具有很大的随意性，占地规模难以调控，导致建设布局零乱，土地利用率低，社会服务功能缺乏。

另一方面，由于受经济发展的影响，不少地方政府仅从招商引资的原因出发，任由开发商、土地承包经营者或投资者挑选其最佳地块，所选地块往往是交通、水利条件好的区位地块，所占的地块大部分是耕地，甚至是基本农田，规划的“龙头”和“笼子”作用并没有真正体现，在一定程度上反而跟着项目走。总之，由于现行规划严密性不强和可操作性差，导致农村建设秩序混乱。

农村宅基地建设粗放、混乱。随着农民收入不断增加，农村经济得到逐步发展，生活日渐富裕，住宅空间结构形态上发生了新的变化，对住宅条件的要求逐年提高，申请用地建房的数量日趋增多。特别是近年来，国家为了减轻农民负担，对农村居民建房免交了一切建房费用，村民们你追我赶，均忙于搞住房建设。很大一部分村庄由于缺乏规划和制约机制，呈现出越往村外的房子越盖越好、越新、越大，且杂乱无章，村庄内部闲置浪费的空心化，形成了所谓的“空心村”。

执法手段偏软，管理不到位。由于土地执法监察没有强制执行权，存在执法工作难以执法到位的尴尬情况。在土地违法行为查处过程中，少数当事人无理纠缠，拒不停工，若强行制止，可能引发和激化矛盾，执法人员也可能受到人身威胁和侵害。一宗违法用地从发现、调查取证到告知、听证、决定、再申请人民法院强制执行最少也要三四个月甚至更长的时间，即使行政处罚决定书到期生效，违法事实往往也已经形成，查处、执行很难到位。

二、对治理农村未批乱建的思考及对策

1.科学规划，多规合一。国家将建立国土空间规划体系并监督实施，将主体功能区规划、土地利用规划、城乡规划等空间规划融合为统一的国土空间规划，实现“多规合一”，强化国土空间规划对各专项规划的指导约束作用，到2020年，基本完成市县以上各级国土空间总体规划编制，初步形成全国国土空间开发保护“一张图”，今后农村宅基地建设粗放、混乱、农村违法建设用地将得到遏制。

2.多措并举，提高土地资源的节约利用水平。一是加大宣传，提高全民对农村土地规范利用的公众参与性。树立依法用地、节约土地和保护耕地的基本国策意识；树立科学规划同时提倡公众参与、实行管理民主、建立长期投入机制，对重大事项进行民主决策，依法依规办事，充分调动农民的积极性和参与性。二是实施增减挂钩，破解土地浪费。采用增减挂钩方式实施项目，将“空心村”农村建设用地复垦复绿，一方面可增加耕地面积和改善生态环境，另一方面将新增耕地指标进行流转，可增加扶贫资金。三是严格执法，加大土地执法力度。建立一支素质高、业务精、作风硬、忠于职守、秉公执法的队伍，要把乱占土地尤其是破坏耕地建房和非法交易的行为列为执法的重点。以点带面对典型案件给予依法坚决查处并通过媒体公开曝光，达到拆除一件教育一片的效果。

3.建立执法监察共同责任机制，强化执法力度。明确政府及自然资源、建设、林业、环保、电力等部门在土地违法执法监察中的职责和分工，形成政府负总责，自然资源部门牵头，各职能部门、司法机关密切配合，齐抓共管的自然资源执法监察责任体系。例如，与电力部门协同配合，新建房屋必须要新接电力线，在接电线，安装电表之前电力部门要求先到自然资源部门盖章批复是否未经批准用地，有效避免违法用地的发生。

4.强化执法机制建设。一是加强自然资源管理责任考核，实行乡镇、街道政府行政一把手负责制。层层签订责任状，对辖区内有重大土地违法案件发生的，实行年度工作一票否决。二是健全自然资源执法监察动态巡查责任制。充分发挥基层组织和人民群众的力量，减少土地违法行为的发生。动态巡查中，要实行分片包干，明确巡查区域，落实责任。三是建立目标管理责任制、自然资源目标考核责任追究办法和奖惩激励机制，并同乡镇、街道政府的工作政绩挂钩，确保本辖区内的各类土地违法行为降至最低。

【范例评析】

此篇信息针对需要整治的农村未批乱建问题切入，指出了现存的“规划严密性不强和可操作性差，农村宅基地建设粗放、混乱，执法手段偏软，管理不到位”等问题，同时分析了问题产生的原因，内容较为扎实，针对性强。

（三）反映部署实施过程中的问题

【参考范例】

"污水零直排区"建设存在三方面问题需关注

"污水零直排区"建设是"五水共治"碧水行动的核心载体和重要抓手，是生态文明示范创建的重要内容。2021年，全市94个工业园区"零直排"全部完成建设。虽然我市开展工业园区"零直排"建设已经数年，但由于管网设施质量欠账较多等限制，工作成果还不够扎实，存在以下三方面困难亟待解决。

一是人员技术力量配备不足。镇街道是园区"零直排"建设的创建主体。日常工作中发现，镇街道工作人员普遍缺乏专业知识，且人员配备不足，无法科学及时把握工程建设质量和建设标准，更加不能保证园区和企业整治成效。如数字化应用场景建设、数字赋能、基础设施明管化改造、水平衡核算规范化管理等对标省级标杆园区建设要求，需要非常专业的技术支撑。生态环境部门虽然是技术指导单位，但是人员力量不足，且现场督查抽查范围有限。

二是建设资金压力普遍较大。"零直排"建设以工程项目推动为主，资金投入大，见效时间长，尤其在雨污分流改造方面，通常一个小区雨污分流项目预算就达几千万元，只能有计划有重点循序渐进部署推进。目前市区财政资金建设覆盖面有限，××市2021年启动修复建设工作以来，累计已投入数十亿元；××区部分年度项目建设资金至今尚无保障。

三是长效管理机制配套不强。城区特别是老旧小区雨污错接、漏接导致的雨污混排现象时有发生，城市内河个别河坎渗水，污水"来路不清、出路不明"，对内河河水治理造成困扰。部分低小工业企业及小餐饮、菜场等六小行业仍是排污重要源头，私接乱接雨水管的问题比较普遍，洗拖把废水排入雨水管路、化粪池隔油池未定期清理、标志标识破损未及时补齐等"老生常谈"现象均存在，面大量广、整治难、管理难。

此外，××、××等地部分区域污水主管未贯通。个别污水处理厂处于高负荷运行，污水倒灌溢流情况时有发生。部分领域执法刚性不足。

工业园区"零直排"建设是改善人居水环境的治本之策，是重要的民生工程。下一步，需进一步加强系统谋划、强化攻坚克难、优化要素保障，确保"零直排"建设全面顺利收官、全市区域水环境质量持续改善。

一是加大资金科学投入。"零直排"建设要求高、内容广，需要实实在在的工程项目支撑，资金需求量大，迫切需要强化资金投入与保障，确保计划安排的工程项目尽早落地。同时，治水工作存在复杂性、反复性，要彻底达到"污水零直排区"各项创建目标任务十分艰巨，需进一步加强科学系统论证，保持建设工作的延续性。建议各区、县（市）每年安排专项资金用于市政管网修复改造和雨污分流截污纳管工作，循序渐进，逐步推进。

二是强化联动工作机制。进一步理顺生态环境、综合执法、水利等部门的水环境执法机制，既要明晰责任，又要联动执法，对违法排水行为保持高压态势，形成管理震慑。同时，加强市、县、镇三级纵向联动，生态环境、治水办、综合执法等部门横向协作，继续积极加强与各行业主管部门沟通和协调，共同推进雨污分流设施的基础改造，共同推动建设工作。

三是适时谋划生态补水。从全域全局高度，谋划并探索区域再生水循环利用，区域统筹用于生产、生态、生活。加强源头管控，强化污水厂运行管理，确保工业废水进一步净化改善达标处理后纳入城市再生水循环利用体系。推进污水处理厂尾水再生利用设施建设和管网覆盖，拓宽工业企业再生水利用渠道，探索将工业企业再生水作为生态补水措施，利用水厂（污水处理厂）再生水补充到城市内河、维持河道水量，避免枯水期城市内河水质不稳定情况，同时予以政策支持，改变部分区域生态补水不足局面。一定条件下，探索将再生水作为工业园区以及印染等高耗水项目生产用水。

【范例评析】

开篇即强调了“污水零直排区”建设是“五水共治”碧水行动的核心载体和重要抓手，说明是“五水共治”落实过程中的重要一环，从重大行动部署的实施过程中发现问题，提示决策者应当予以重视。

（四）反映政策部署酝酿过程中关注的问题

【参考范例】

投资增速存回落风险三大问题需高度关注

今年以来，全市投资形势一路向好，全市固定资产投资增速连续排名全省前三，1—10月全市投资同比增长11.7%，增速位居全省第二，为近十多年来最好成绩。尽管如此，从近期对各行业及县（市、区）投资摸底情况看，受去年同期基数大等因素影响，年底投资形势不容乐观，尤其是四大结构性指标走势等需引起各地各部门高度关注，确保完成省、市考核目标要求。

一、投资总体形势

1—10月，全市固定资产投资同比增长11.7%，增速比全省平均高1.6个百分点，位居全省第二。四大结构指标较快增长，其中交通投资同比增长69.5%，排名全省第一；生态环境和公共设施投资同比增长18.3%，排名全省第一；民间项目投资同比增长17.6%，排名全省第四；高新技术产业投资同比增长20.7%，排名全省第七。

二、存在的主要问题

尽管全市投资主要经济指标稳居全省前列，投资结构呈现积极变化，但目前三大问题需重点关注。

一是完成年度目标任务面临挑战。目前，固定资产投资指标排名全省前列，但与年度目标相比，还差0.3个百分点；四大结构性指标仍存在不确定性因素多、县（市、区）不平衡等问题。总体看，交通投资已提前完成年度目标要求；高新技术产业投资能够达到年度目标要求；固定资产投资、民间项目投资、生态环境和公共设施投资四季度增长存在较大压力。经摸底测算，后三项指标年底两个月月均投资量均需达到前10个月月均投资量的两倍左右，才有可能达到年度目标，全年增速存在明显回落风险。

二是部分重大项目落地面临挑战。全市省市县长项目落地率31.6%，对标“落地率达到50%”任务要求，年内还需落地7个项目。省重点项目中，330国道××段公路改建、××水库等项目，分别受施工招标投诉处理、电站处置谈判缓慢等影响，难以全面开展建设。14个未开工市重点建设项目中，××人民医院迁建、××项目受县委县政府决策思路调整影响年内难以开工。

三是区域支撑参差不齐。从总量指标看，××县还是负增长，仅为-3.0%。××县增长10.4%，仍低于年度目标。其他区域均达到年度目标要求。从结构性指标看，民间项目投资仍有2个县负增长，分别是××县-16.5%、××县-3.9%，××县也仅增长0.3%；交通投资仍有三个县（市、区）未达到目标要求，分别是××县-8.8%、经济开发区4.3%、××县8.0%；生态环境和公共设施投资还有2个县负增长，分别为××县-31.7%、××县-19.0%，××县也仅增长1.0%；高新技术产业投资仍有两个县负增长，分别是××县-34.8%、××县-24.2%。针对重点区域重点指标，后期需重点关注。

三、年内工作建议

下阶段是项目施工的黄金时期，也是实现全年目标任务的关键时期。要按照“对照目标、补足缺口、多做贡献、不拖后腿”的工作要求，咬定目标不放松，狠抓落实不松懈，奋力冲刺“全年红”，全力以赴完成年度目标任务。

一是锚定目标补缺口。要按照“决胜四季度、夺取全年红”的工作推进要求，严格对标“‘4+1’指标完成既定目标”任务，坚持问题导向，咬紧薄弱环节，盯人盯事盯节点，对照指标要求和目前进度，以“一分可能，百分努力”的决心，全力争取民间项目投资、交通投资、生态环境和公共设施投资、高新技术产业投资达到“四个12%”增长要求；全力争取省市县长项目落地率达到50%。尤其是××县，投资增速仍为-3.0%，最后两个月必须迎头赶上；此外，××县、××县、××县、××县等地，也要针对薄弱指标，加速发力，确保年度目标如期实现。

二是突出精准抓重点。充分发挥重点项目、重点平台的主战场、主力军作用，全面带动有效投资增长。抓进度。推进快的要多作贡献，力争超额；推进慢的要迎头赶上，确保完成。重点紧盯××机场、330国道××改建、××县公共文化服务中心、××水库、××茶产业综合体等一批滞后续建项目，加强协调、合力推进，确保100%完成年度任务。抓开工。要紧盯一批有望开工的重点项目，积小胜为大胜，以一个个开工项目的入库入统，支撑投资指标的圆满完成。

推动 ×× 文旅商务项目、悬崖上天空之城、×× 智汇汽车城等一批省市县长项目按期开工，加快 ×× 学校迁建、污水厂二期、中心医院急救中心等 14 个市重点项目开工，确保全市重点建设项目 100% 开工。抓入统。统计部门要指导好项目入库，项目单位要把握关键节点、关键要素，确保年内开工建设项目应统尽统。

三是统筹保障全联动。强化服务保障，进一步加快项目的服务保障、破难清障、建设推进等节奏速度，全力迎头赶上。强化督查督促，采取重点督办、现场办公、约谈等形式，倒逼各投资主体加快扩大有效投资，确保各项目任务落到实处。强化项目储备，进一步强化项目接续，围绕“十四五”和市里明确的投向重点，做好项目谋划和梳理工作，形成“建设一批、竣工一批、储备一批”的良性循环。

【范例评析】

此篇信息分析了投资增速存回落风险相关问题，为年内合理部署安排工作、科学政策出台发挥了信息价值，为接下来的提升投资力度、促进经济发展提供了参考。

第五章
其他常用公文写作

公文的文体，由于不同文体的对象、诉求和形式载体不一样，所以它们有着不一样的特定要求。古人说:“文无定法。”这里的“法”有两层含义，一是指不同的文体要求不同，遵循不一样的模式和规范；二是文章的写作手法上不一定要墨守成规，每个人写文章都有自己的独特风格，可以多种多样，不拘一格。文有常法，又无定法，既有格式可循，又无一定之规，这二者是辩证统一的，并不矛盾。

本章从其他常用公文写作的基础性理论出发，详细介绍领导讲话、调研文章、工作报告、新闻发布会通稿等公文的写作思路，分析公文写作的实用技巧，较为全面地总结了公文材料写作的精髓要义，帮助读者少犯错误、少走弯路，实现看完就能上手，提笔就有话说。

第一节　领导讲话稿

一、领导讲话稿概述

领导讲话稿是领导在会议、活动、典礼、论坛等不同场合用于讲话、致辞的参阅稿子。一篇好的讲话稿，对领导来说，可以起到贯穿主线、启发思维、提供观点等作用，便于领导高效、准确表达意见或部署工作；对听众来说，可以更加专心、专注听取领导讲话，获取有效信息，便于后续对接落实，同时感受领导个人魅力；对写稿者来说，撰写领导讲话稿的过程就是熟悉工作、深入思考、提炼观点的过程，对于拓展视野、转化思维很有益处，有利于个人成长。

一篇好的讲话稿可以是生产力，便于调动各类生产要素，争取各方支持，形成整体合力，推动生产关系优化调整；可以是影响力，尤其对外、对上的交流汇报讲话中，好的讲话稿可以提高本部门、单位的影响力和话语权，让对方信服、尊重；可以是硬实力，成为领导个人更是成为写稿者的鲜明标签，成为不可替代的“政策研究工作者”。

二、写好领导讲话稿实务技能

要写好领导讲话稿，主要从两个方面学习掌握。

（一）掌握规律和技巧

写讲话稿也有常见规律、结构，包括三个方面：

1. 体现政治性

政治性是大方向，尤其对于国有企业、大型企业，起草领导讲话稿时要充分了解党和国家、地方党委政府大政方针，了解本部门本单位领导层关心关注的重点要点，例如在起草文稿前期，可针对性学习或整理有关重点政策内容。

2. 注重结构化

常见讲话稿层次逻辑较为固定和统一，主要有三（两）段论结构，例如总结、形势、计划，亮点、问题、建议，前阶段总结、下阶段计划等；辩证观结构，例如为什么、是什么、怎么干；总分法结构，例如先总体情况、再具体情况。

3. 考虑受众面

起草文稿时要明确讲话领导的身份、面向的对象、主要的目的，例如对上级要尊重，围绕上级领导关心的内容侧重讲落实；对平级要客气，围绕双方关心的重点谈合作、讨论或推进事宜；对下级要严肃，以部署工作为主要基调；对行业内，文稿可以偏向专业性；对行业外，尽可能通俗易懂，减少专业术语。

（二）注重积累和思考

写文章是“苦差事”，绝非一朝一夕可以速成，必须长期坚持、长期训练。

1. 善于积累素材

及时学习新政策、好文章，认真做好资料收藏、整理、归类，建立文档资料库。对于自己写的文稿，要认真整理归纳，如遇临时写作任务即可以及时快速找到参考资料。

2. 善于模仿修改

尤其新手上路，可参考学习借鉴其他优秀同类文章的结构、表述、观点等内容，对照模仿撰写，但涉及公开发表文章，要注意合理引用，不能侵犯知识产权。好文章都是改出来的。对于写好的文章，要根据领导或专家意见，不断修改、字斟句酌，确保内容精准表达。

3. 善于复盘总结

要经常性对自己的写稿经验进行总结和复盘，尤其是涉及一些新情况或者犯过的失误错误，要引以为戒，尽量减少重复性问题。

三、写好领导讲话稿要求

时任湖北省政府研究室主任覃道明在《文稿起草八问》表示，要写好领导讲话稿，主要存在“三个难”。第一是“三个维度”之难，分别是思想的高度、思考的深度、思维的限度，每个维度要做到深刻、深入非常之难。第二是“三个不同”之难，要熟悉不同领导、不同风格、不同场合的讲话稿内容。第三是“三个身份”之难，领导可以是领导者，可以是学者，也可以是实际操作者，不同身份的讲话维度和视角也会不一样。同时，写稿者往往平台没有领导高，信息没有领导全，岗位经历没有领导多，在起草文稿时候常常会碰到这样或那样的挑战。尤其对于新手，往往存在框架搭不好、重点抓不住、事情讲不透、语言理不顺等困难，核心问题在于思维逻辑不够合理、全局工作或领导关注点理解不到位、专业性没有吃透、基本语文素养还不够等。写稿者需要把握好以下三个要求。

（1）思考清楚领导“想说什么”，就是要把握主题、找准基调。例如，要了解领导讲话主题是什么，面向对象是谁，材料基调是什么，才能有的放矢，提高文稿针对性。

（2）思考领导清楚“怎么来说”，就是要理清逻辑、突出重点。在写稿子前期，可以先列出提纲、理清逻辑、打好草稿，征求领导意见后再开写，可以减少弯路。要加强换位思考和情景模拟，了解领导想表达什么、对方想知道什么，其中亮点或重点要写得突出、丰富，尽量加入数据，提高质感。

（3）思考领导“如何说清楚”，就是要表述准确、体现风格。文稿语句要顺畅精炼，突出数据、成效、问题、计划等重点内容，防止随意堆砌原始素材或初稿内容。语言要平实，表达要准确，标题或重点部分要体现领导关注重点、个人风格或用语习惯，不过度注重辞藻华丽或长篇大论。

四、领导讲话稿案例

（一）对上汇报讲话稿案例

××公司迎峰度夏工作汇报

××局长，各位领导：

在迎峰度夏电力保供关键时期，××局长一行莅临调研指导，对我们是极大的激励和鼓舞，增强了夺取电力保供稳价战胜利的信心和决心。在此，我谨代表××公司，对××局长一行表示热烈欢迎，对××一直以来的关心帮助表示衷心的感谢！特别近年来在××、××全方位的支持、指导、协调和监督下，形成了政企协调配合、源网荷各方协力协作的良好格局，保证了电力安全保供和电力改革发展有序有力有效开展，借此机会再次表示感谢！下面，汇报三方面工作。

一、××公司基本情况

公司是××公司全资子公司。至2021年底，主网变电容量……下辖××家地市公司……先后荣获全国文明单位……

二、电力供需形势及公司应对举措

（一）电力供需形势

从“量”上看……预计夏季最大电力缺口 ×× 万千瓦，冬季电力缺口 ×× 万千瓦。由于……不确定性就越高……

从“价”上看，受电价市场化改革、一次能源匮乏等因素影响……电价面临上游发电成本上升、下游期待用能成本降低的双重挤压……

（二）主要应对举措

当前，×× 省委省政府高度重视电力保供稳价工作，要求我们既要坚决保“量”、又要有效降“价”。得益于 ×× 的倾力支持，得益于 ×× 的协调帮助，我们坚持“能保一度是一度、能降一厘是一厘”，以提升调节能力为重点……

一是推动电源稳发满发。在 ×× 支持下……二是加快电网发展。加大电网投资力度……三是加强负荷需求管理。配合编制六级 ×× 万千瓦有序用电……四是加快推进储能发展。出台服务 ×× 新型储能发展实施意见……

（三）工作建议

近期，公司正积极复盘前阶段保供情况，再挖潜、再优化、再完善各项举措……考虑目前主要举措已应落尽落，短期内难有“一招见效”的突破性举措，建议 ×× 给予更多指导、帮助。一是建议……二是建议……三是建议……

三、安全生产及电网发展情况

今年以来，公司深入贯彻习近平总书记“疫情要防住、经济要稳住、发展要安全”“端牢能源饭碗”等重要指示精神，全面落实……工作要求，以实际行动助力营造平稳健康的经济环境、国泰民安的社会环境、风清气正的政治环境。

（一）严格履责确保 ×× 电网安全稳定

一是坚持铁腕治安，压责任、除隐患。出台强化安全责任……二是坚持联合保安，稳大局、保用户。参与新型城市电力风险防控研究……三是坚持依法管安，强法治、重智治。积极推动适应新型电力系统……

（二）加快建设新型电力系统

一是承担试点，迭代探索最优解……二是数字牵引，把握变革主引擎……三是示范先行，加快建设实景图……

下阶段，公司将落实 ×× 调研要求，做到认识再提高……做到谋划再系统……做到机制再完善……以实际行动迎接党的二十大胜利召开！

【案例简析】对上汇报，要体现尊重，围绕上级领导调研、座谈、检查等重点内容进行展开，主要谈落实和建议。

（二）对外致辞讲话稿案例

在 ×× 电力营商环境调研座谈会上的欢迎辞

×× 研究员，各位领导：

首先，我代表公司对 ×× 一行莅临调研指导表示热烈的欢迎，对一直以来给予的关心帮助表示衷心的感谢！20×× 年 × 月 × 日，贵中心莅临公司，对优化电力营商环境进行调研指导。一年来，我们认真落实贵中心提出的指导意见和工作要求，学习了 ×× 有关营商环境方面的政策研究成果……给了我们很大的启发。我们坚持一窗受理……打造“五最”电力营商环境……刚才，×× 已就杭州市情况作了介绍，下面我再简要汇报一下公司情况和营商环境工作。

一、×× 公司和 ×× 电网有关情况

×× 公司是 ×× 大型重点供电企业之一……×× 电网是 ×× 省负荷中心，是典型的受端电网，超过 ××% 的电量从外部输入。×× 电网体量规模位列……

二、×× 公司服务电力营商环境工作情况

×× 公司全面贯彻落实党中央、国务院及各级党委政府要求，围绕“三个真”抓好营商环境：

一是带着真情实感。……作为驻地央企，我们深切感受到与地方政府、与地方经济发展的鱼水深情，在营商环境优化这项任务上，我们一定是同频共振、同向发力，带着感情、带着责任、带着温度、带着初心来深化推进……

二是拿出真金白银。我们主动向 ×× 争取支持……从去年开始，小微企业免费投资界面直达表箱……首创 ×× 等数据产品，使小微企业及时足额享受到降电价政策红利、实实在在享受真金白银……借款周期从数月缩短到数小时内。

三是敢于真刀真枪。为了持续压减办电环节和时间，我们坚持刀刃向内、勇于自我革命，实现“内转外不转”“一次都不跑”，去年提出了营商环境优化 ×× 项改革举措，包括以带电作业和停电预算式管控……推进一网通办……

目前，×× 已实现了电力营商环境“五个最”：一是“零证照”政策最优……二是“零等候”环节最少……三是“零跑腿”办电最快……四是“零投资”成本最低……五是“零故障”服务最好……

下一步，×× 公司将按照专家组反馈的意见建议，对短板问题进行针对性改进……我就简要介绍到这里……

【案例简析】对外致辞讲话稿，要契合致辞场合，一般致辞不宜过长，内容高度凝练、通俗易懂，以欢迎、祝福、致敬等为主。

（三）对内会议讲话稿案例

在××公司2021年度工作务虚会上的讲话

同志们：

……前面，各个领导都作了很好的发言，站位有高度、思考有深度、举措有力度，很好地体现了××公司领导干部的智慧和担当……对于分析形势、启发思路、明确任务很有帮助……具体工作等到“两会”再做总结，这里再讲两方面意见。

第一方面，关于2021年工作的总体评价

即将过去的2021年，是近十余年来形势最复杂多变……这一年，我们面临并战胜了“四方面大战大考”，一是……二是……三是……四是……

在此情况下，各位领导同志挂帅出征……体现在“六个有”上，一是有稳有进。未发生系统性安全……。二是有立有破。以新型电力系统建设为契机……推动政府出台……领先建成了……三是有经验有启示。面对很多从未遇到过的新情况新问题……总而言之，2021年大家很辛苦，也很有收获……上级单位给予了充分的肯定，我们的话语权在不断增强……借此机会，向各位领导一年的辛苦表示衷心感谢！

第二方面，关于2022年形势及需重点关注的问题

2022年的形势复杂程度甚至高于2021年……一是供需关系之变，保供稳价的主要矛盾不断转化、影响深远，对“精细用电”提出了高要求……二是市场体系之变，完全市场化的电力价格和逐步全国化的电力市场对“经营转型”提出了高要求……三是政策调控之变，能耗双控逐渐向碳排双控转变，对公司发展“策略调整”提出了高要求……

综合来看，2022年我们面临的大事多、难事多，但挑战与困难之中孕育的机遇多、机会多。××公司拥有系统及行业领先率先的电网基础、管理基础、经营基础、队伍基础、文化基础，是我们打大仗、打胜仗的信心所在和决心所在。尤其我们拥有……等独一无二的历史机遇……答好四个考题：

（一）答好电力安全保供的考题

正确认识和把握能源初级产品供给……一方面，供给侧要抓住机遇挖潜……推动政府在煤机规划建设中“控总量、争增量、提前量”……另一方面，需求侧要精细用电增效。推动……向精细柔性、市场调节型用电模式……

（二）答好建设新型电力系统的考题

进入2022年，新型电力系统从“设计”转到“施工”阶段……一是建立完整且领先的推进体系……在全国率先形成具备示范性、推广性、可行性的新型电力系统建设模式……二是在政策机制上要取得新突破……多元融合政策机制或市场体系，可在部分具备条件的市县先行先试……三是快速落地一批重点示范工程。坚持强基固本、创新创效，……打造一批具有国际国内影响力的好项目大项目……

（三）答好适应电力改革优化经营策略的考题

……公司已到了“不得不转型、不得不变革、早转早主动”的阶段……一方面，要争取外部有利政策……另一方面，要激发公司内生动力……适应“输配电价”单轨模式……

（四）答好 ×× 精神的电力实践考题

2022 年必将是艰苦的一年、奋斗的一年。我们一方面更要坚持和加强党的全面领导，用好……这个传家宝……持续构建 ×× 型党建生态……另一方面，更加注重尽力而为、量力而行，推动构建全省能源发展共同体……

【案例简析】这是一则对内会议讲话稿，主要内容包括形势分析、思路对策、工作部署，语言平实有力，注重逻辑性系统性。

第二节　调研文章

一、调研工作概述

调研，即调查研究，包括调查和研究两个部分。调查指通过各种途径、运用各种方式方法，有计划、有目的地了解事物真实情况。研究指对调查情况去粗取精、去伪存真、由此及彼、由表及里的思维加工，以获得对客观事物本质和规律的认识。两者既有明显区别又有紧密联系，调查是研究的前提和基础，研究是调查的发展和深化。只有合二为一，才能通过事实情况，发现规律和本质。

调研工作并非现代产物，尽管古代没有“调研”这一明确概念，但古代社会为巩固政权、了解民情，也有类似调研的工作。例如，根据《史记 · 五帝本纪》记载，尧、舜、禹就经常考察民情或自然环境；西周推行“采风”制度——周王朝通过天子巡守、专人调查和逐级上报等方式，了解民风民情民意，包括各个朝代的帝王将相都有不同方式、不同目的的巡视调研，如体察民情、军事战争、侦查办案等等。

调查研究是我们党的“传家宝”。毛泽东同志极力提倡调研这一科学的工作方法和思想方法。1930 年 5 月，毛泽东在江西省赣州市寻乌县考察农村经济时作了《寻乌调查》报告，在此期间提出了“没有调查，没有发言权”的著名论断。毛泽东在《反对本本主义》中也强调："我们需要时时了解社会情况，时时进行实际调查。"党的十八大以来，习近平总书记在不同场合反复强调用好调研这一"传家宝"、做好调研这一"基本功"，指出"调查研究是谋事之基、成事之道，没有调查就没有发言权，没有调查就没有决策权"、"要防止为调研而调研，防止搞'出发一车子、开会一屋子、发言念稿子'式的调研，防止扎堆调研、'作秀式'调研"等重要指示要求。在《干在实处 勇立潮头——习近平浙江足迹》一书中，记录了习近平同志调研的情节。习近平同志每年至少用三分之一以上时间深入基层和部门调查研究，他强调，调查研究就像"十月怀胎"，决策就像"一朝分娩"；调查研究的过程就是科学决策的过程，千万省略不得、马虎不得。2003 年 7 月，习近平同志在衢州考察调研中了解到，针对农村劳动力文化素质偏低、培训不足的情况，衢州启动了"万名农民素质工程"，常山还推出了劳动力"培训券"。在此次基层调研基础上，浙江省委、省政府作出了科学决策，实施了"千万农村劳动力素质培训工程"，要求从 2004 年至 2010 年全省完成对 1000 万农村劳动力的培训。这可以说是习近平同志问计于民、问计于基层，调查研究、科学决策的生动例证。通过调研，习近平同志说："几年下来，我几乎跑遍了浙江的山山水水，也跑深了与浙江广大干部群众的真切感情，并在实践中逐渐跑透了浙江的省情市情县情。"

以能源电力行业为例，"碳达峰、碳中和"行动及新型电力系统建设对电力行业发展产生深刻影响，关系到源、网、荷、储及配套体制、机制、政策等多方面变化，要求电力主管部门及电力行业企业更加注重调研工作，充分了解发展现状，从调研中精准研判改革趋势、谋划战略发展对策。

二、调研文章写作要求

科学、客观、精准做好调研工作，是对现代领导干部的必备要求之一。把调研结果写成调研报告，既是调研至关重要的一个环节，标志着调研工作的结束，转入到办理和落实的阶段；也是落实全面从严治党、改进工作作风、密切联系群众等责任的基本要求之一，确保调之有形、研之有物、形成闭环，防止"调而不研，研而不究"等走过场情况。因此，一篇好的调研报告不仅体现领导干部或专业部门的政策研究能力、领导管理能力、战略思考能力，而且能推动解决调研中发现的实际问题，形成长效性政策或治理机制。没有调研报告的产生，就无法体现调研的目的，无法反映调研的结果，也不可能发挥调研报告所具有的指导作用。

在互联网时代，调研方式也由线下拓展到线上，调研更加灵活、方便、高效、快捷，关于调研报告、文章等方面内容也可以通过互联网搜索，极大提高了调研的工作质效。立足实际工作角度，下面重点介绍调研背景资料、调研报告。

（一）调研背景资料

调研背景资料主要用于领导干部或专业部门调研前熟悉了解调研对象基本情况，便于后续调研更好聚焦主题、交流工作、发现问题，提高调研的效率及针对性。特别是首次调研某项内容的话，各项背景资料介绍需要更加齐全。

1. 调研背景资料基本结构

（1）调研点基本情况，例如地方面积、经济、人口、产业等方面，单位业务、人员、经营、负责同志及主要关联工作开展等方面。

（2）领导干部或专业部门调研关注的重点内容，例如针对调研内容的基本情况或演进历史等相关情况。

（3）其他高度关联方面内容，例如涉及相关方访问或调研的人员基本介绍等。

2. 调研背景资料写作要求

（1）方便指引。采用条目式或分块式介绍，如有多页内容可编制目录，便于快速找到内容。

（2）简单直白。背景资料不需要精雕细琢，尽量用简洁明了的语言表述，可采用小段或者加粗方式进行强调，便于快速获取有用信息。

（3）聚焦重点。背景资料要紧扣调研主题及调研内容，无关信息无需纳入背景资料中。

3. 调研背景材料编写案例

【案例 1】

赴 ×× 调研背景材料

202× 年 × 月

一、×× 公司基本情况

国网 ×× 公司是国家电网有限公司全资子公司。目前，×× 本部设职能部门 ×× 个和电力调度控制中心，现辖 ×× 家市供电公司、×× 家县级供电企业和 ×× 个直属单位。截至 2021 年底，全口径用工总量……2021 年，完成售电量（经营指标）……

二、调研点基本情况

1.×× 能源大数据中心

能源大数据中心按照“政府指导、电网主建”原则，于 202× 年 × 月建成投运，202× 年

× 月正式获批省级资质授牌。承担全省全能源数据的采集、汇聚、加工、应用职能，形成国内领先的省级能源大数据服务能力和水平。

特色亮点：一是数据最全。汇聚全省“6+1”个核心领域“双碳”数据……二是理念最新。坚持电碳协同理念，创新应用……全面开展电力生产、传输、消费、储能全过程碳轨迹追踪……三是场景最活。统筹经济发展、能源安全、碳排放等多维因素，建设国内首个政府授权的全领域全地域……累计上线数据产品……多次获 ××、×× 等上级肯定。

2.×× 变电检修中心

变电检修中心作为 ×× 电网核心运维检修业务的“王牌军”，既是建设现代设备管理和安全管理“两个体系”的示范地，也是青年人才培养和班组自主核心能力建设的试验田，更是以数智赋能和创新创效推动新时期班组转型的探路者，集中反映了 ×× 公司全面加强全业务核心班组建设……

变电检修中心探索融合“数字班组”与“卓越绩效”双试点，建成数字化检修管控平台，实现业务工单化、工单数字化、数字绩效化、绩效价值化。主动顺应新型电力系统建设需要，推动试验班组传统业务转型升级……

三、×× 公司领导班子基本情况

……

【案例 2】

×× 公司调研背景材料

202× 年 × 月

一、×× 公司基本情况

×× 公司于 202× 年 × 月成立……主要承担……职责。公司下设综合管理部、计划发展部等 6 个内设机构，人员编制 ×× 人。其中企业负责人职数 ×× 人，部门负责人职数 ×× 人……

二、深化光伏运营商情况

（一）光伏倍增工作整体进展情况

截至 × 月 × 日，参建光伏项目 ×× 个，装机容量 ×× 万千瓦（包含合同 + 开工 + 投产的自投资光伏数据）……

（二）下阶段工作思路

到“十四五”末，完成 ×× 万光伏装机容量建设和运维……

三、抽水蓄能业务板块拓展情况

（一）前期工作情况

1.×× 抽蓄项目进展情况

一是成立 ×× 抽蓄项目筹备处，协同推进……二是按照年底完成核准目标，倒排里程碑计划节点。三是围绕项目“三优”建设定位，积极争创国家试点示范样板……

2.中小型抽蓄打捆纳规推进情况

开展省内优质中小型抽蓄资源摸排，初步形成涵盖 ××、×× 等 ×× 个地区的 ×× 个优质中型抽蓄站点……

（二）下阶段工作思路

坚持 ×× 战略定位，实施 ×× 发展路径……全力构建抽蓄业务版块。分三阶段构建省管产业抽蓄业务版块：

强基础阶段（20×× 年—20×× 年）：……

搭平台阶段（20×× 年—20×× 年）：……

上台阶阶段（20×× 年—20×× 年）：……

四、拓展投资运营业务情况

聚焦“国有资产保值增值”目标，坚持“唤醒的资源是最优质的资源”质效理念……全力打造新的利润增长极。

（一）前期工作情况

1.健全工作机制，提炼商业模式

一是固化商业模式……二是建立工作机制……三是拓展业务布局……

2.聚焦投资收益，实施重点项目

一是电网资源综合利用方面……二是土地房产资源综合利用方面……

（二）下阶段工作建议

新一轮输配电成本监审……对此建议：……

（二）调研报告

调研报告是对整个调研工作的总结，是“含金量”最高的部分之一，既是对调研过程的回顾，体现了“调查”；又是对调研工作的思考，体现了“研究”，实现过程与结果、过去与未来、问题与建议的统一。写好调研报告是对撰稿人深度参与、深度思考、深度组织的考验，例如党委政府均有很多深度的调研报告值得学习和参考，在各企业单位也有很多关于市场经营等方面的典型性调研报告可以参考。

1. 常见调研报告结构

常见调研报告结构主要包括以下几个部分。

（1）调研基本情况。包括本次调研目的、意义、安排及各调研点介绍。该部分内容要求精炼、简单，对总体情况进行回顾、总结及简单评价，也可在开头总结整个调研情况，起到开门见山、一针见血的效果。

（2）调研主题内容情况。主要对调研情况进行汇总、分析、提炼，高度聚焦调研关注的内容及重点，突出调研的真实性、客观性、全面性。该部分内容要有所提炼，不是简单汇总或汇编调研对象提供内容，尽量用事实、数据、案例说话，并提炼形成观念、主张。

（3）调研启示或建议。根据调研中发现的问题、不足、趋势等情况，对下一步工作计划或者解决问题提出建议，为管理决策层提供服务。也可以根据调研提出启示，形成发展思考。

2. 调研报告写作要求

（1）要有主题主线。报告要聚焦调研主题和调研内容，切勿随意增加其他与调研无关的内容。

（2）要有概况提炼。既要以案例体现调研情况的原汁原味，又要对调研收集到的信息内容进行加工、分类、提炼，尤其要在标题内涵上下功夫，确保代表性与生动性两者统一。

（3）要有思考建议。调研是为了发现问题、解决问题，或者是发现亮点、推广亮点，结论部分要起到透过现象看本质、透过趋势看发展的作用，思考形成调研的价值意义、立场方法。

3. 调研报告编写案例

【案例 1】

赴 ×× 公司年中工作调研报告

202× 年 × 月 × 日，办公室、×× 组成的调研组，赴 ×× 公司、×× 公司开展新型电力系统建设、战略落地、企业转型等课题调研，了解基层思考探索、特色实践及问题困难。调研组实地考察了 ×× 能源大数据中心、×× 公司虚拟电厂，和 ×× 公司各相关部门单位进行了座谈交流，听取 ×× 公司年中重点任务推进情况及思考建议，现形成调研报告。

一、调研点基本情况

1.**×× 公司战略落地思路举措**。全力打造“示范窗口中的最精彩板块”，争当 ×× 战略发展排头兵、××经济社会发展先行官和长三角一体化发展先锋队。一是聚焦“两条主线”。以打造“能源消费革命先行地”为主线……二是做强“两大体系”。做强能源研究体系，探索形成“能源研究策源—双创中心孵化—科技项目实施—应用场景落地”创造链……三是抓好“三个重点”。发挥分布式光伏装机容量超××万千瓦、非统调口径新能源装机占比高达×%的优势……

2.××能源大数据中心。××公司于2018年试点区级重点用能企业能耗监测，2019年在全市推广建设，2020年与市发改委联合挂牌成立地市级能源大数据中心，具备……一是接入数据多。集电、水、气、热、煤、油等多种能源数据……二是应用场景全。构建城市级、园区级、楼宇级（企业级）的能源综合监测管理架构体系……三是能源产品丰富。连续编制两年发布重点企业能源消费白皮书……

3.××公司虚拟电厂。××为省级清洁能源示范县，2020年新能源发电量占全社会发电量××%，位列全省第一，通过打造县域虚拟电厂负荷聚合平台，提供最高负荷××%的日前、日内、实时可调节能力。一是需求响应多元化。汇聚分布式发电、储能、综合园区等6大类18小类可调节……二是策略实施一体化。从网荷灵敏度、用户意愿评级等维度，精准快速匹配电网资源和需求响应资源……三是保障措施制度化。促成政府出台需求响应体系建设政策文件……

二、对公司工作建议

结合汇报及座谈交流，整理形成有参考价值的建议如下：

1. 加快构建与新型电力系统建设相适应的组织管理模式。充分评估新型电力系统带来的业务新变化，重新梳理电网规划设计、营销服务、生产调度运行等业务流程……

2. 加强产业绿色转型发展的人才储备、机制转型。加强“双碳”产业科技创新、知识储备和人才培养，探索建立新能源市场化管理运营、收入分配等转型机制……

3. 加强新型电力系统建设带来成本增高问题研究。新能源配套电网及相关投资大幅度增加，很难通过新增电量回收，同时传统输配电业务监管严格……

4. 加大市场化选人用人和容错纠错力度。针对市场化业务，允许打破传统人力资源组织架构和专业壁垒，推行任期制和契约化管理，探索推进职业经理人制度……

5. 加快推动储能落地具体可操作的政策。因缺乏细化可操作的政策，例如储能“两充两放”的市场及价格机制没有、储能建设成本较高等问题尚未解决……

6. 加快形成“三治融合”的新型政企关系。一是“共治”。以“双碳专班”运作为契机……二是“智治”。推进数字技术与能源业务融合创新……三是“法治”。建议在推动电力立法过程中……

三、主要工作启示

1.××公司具有先行示范的基础和潜力，在新型电力系统建设中应给予更多关注。分布式光伏产业较为发达，新能源发电占比高……可以给予更多试点和授权。地区地理位置优越……具备进一步深化同城同网同质的优势。

2.×× 虚拟电厂推广的空间大，在资金补贴等关键问题需给予更多研究。×× 虚拟电厂模式已较为成熟，有助于以负荷需求的可控性破解外来电的不确定性。需要统筹试点模式，形成标准化的技术方案，防止各搞一套、重复建设……

3.政企互动共建、利益互补的模式值得研究。×× 公司加强与政府互动……可增加收入；×× 公司会同人大专题调研“双碳”工作……争取了地方党委政府支持……

【案例 2】

办公室关于公司战略落地调研访谈的报告

为更好服务发展、服务决策、服务落实，办公室开展了战略落地调研访谈，以现场面谈为主、书面调研为辅，对……进行了调研访谈，着力发现不足、分析原因、找准对策。形成调研报告如下：

一、调研访谈基本情况

着眼公司战略落地、立足问诊解难，做到调研访谈“真心”、各单位畅谈“真诚”、反映问题“真实”。

围绕公司战略全局、聚焦发展难题进行访谈。调研访谈重点集中在……上。访谈问诊维度一是谈公司层面全局性、战略性问题；二是本单位功能定位和发展方向的关键问题；三是制约本单位改革发展稳定的主要问题。访谈形式侧重开放式、互动式、递进式，气氛宽松、融洽、深入，现场访谈不要求基层准备材料，不预设问题和要求。

调研访谈中真切感受到各单位主要负责同志强烈的事业心和责任感。各单位主要负责同志思想重视、态度认真，访谈交流每个单位半天（每人少则一小时、多则两个多小时）。所思所想放眼全局和未来，分析问题既立足于现实、又有长远眼光，对……战略有很大信心以及愿意做出更大担当作为的干劲。谈问题、提建议真诚坦率、客观有据，做到从实际出发、从有利于公司全局发展和发挥基层积极性出发，也表达了对公司层面优化体制机制和管理方式的期待。

从调研征集问题来看，主要为如何更好更快推动全局发展的问题……战略任务有效激发了各单位进取精神和工作热情……但也看到，战略示范仍停留在初始阶段，目前创新突破成果多数是局部的……基层单位也希望在公司层面做好顶层设计，把整体推进与各单位特点优势有机融合……

二、调研访谈反映的问题建议

（一）新型电力系统建设方面

1.各级对新型电力系统概念、体系、任务、职责的理解认识还不够清晰具体，内部“人人有责”、外部“共建共担”的氛围不够浓厚。8家单位反映，认识不清带来重点不明。例如，缺乏对内外部不同对象、不同层级、通俗易懂的图文宣贯资料……（建议××牵头研究办理）

……

（二）数字化牵引方面

……

（三）管理机制方面

……

（四）产业发展方面

……

（五）改革创新方面

……

（六）组织队伍方面

……

（七）其他方面

19.其他个性化、参考性意见建议。（1）××公司建议，从本部层面集中力量，开发推广……（2）××公司建议，“十四五”规划中增加……

三、工作建议

调研访谈中，调研组感受到：各单位普遍认为转型时期，机遇与挑战并存，不确定性虽大，但只要充分发挥主观能动性，不确定性能转化成确定性，发展机遇、发展空间都很大。特别当前，能源电力进入转型发展关键期……结合本次调研情况，坚持可行有效原则，建议：

一是战略落地要更加聚焦新型电力系统建设，进一步营造浓厚氛围。推动战略入心落地见效更加聚神、聚力、聚焦……尤其要强化领导组织……（建议××牵头研究办理）

二是加强创新本部的统筹和向下的指导，提高创新系统性集成性应用性。首创理念已深入人心，调动了大家的积极性创造性。建议抓住契机，优化首创管理方式方法……例如，参照省里数字化改革“一地创新、全省享用”做法……

三是进一步畅通上下联络通道，保障上情下达、下情上传更加精准、高效、无障碍无压力。在大变革形势下，本部与基层信息不对称性日益加大……建议探索或充分利用已有平台及联络机制（例如“互联网＋督查”平台）……

四是常态化抓好本部作风改进、能力提升，以坚强本部引领带动公司各项工作走在前、作示范。持续保持和深化本部作风建设、能力建设好的做法、举措……例如，加大基层对本部的评价力度，可采取“显性＋隐形”方式……

第三节　工作报告

一、工作报告概述

公文中报告使用范围很广，包括汇报工作、反映情况、答复上级机关询问等用途，具有汇报性、单向性、陈述性等特点。

报告按内容主要可分为汇报类报告、答复性报告和例行性报告等类别。汇报类报告，主要是下级向上级、执行机关向管理机关汇报工作、反映情况的报告；答复类报告，主要是用于答复上级单位询问、交办事项，或在答复上级征求意见时使用；例行类报告，主要是用于按照上级单位或主管部门要求，定期向上报送相关工作进展情况的报告。

以上三类报告中，以汇报类报告最为常用、难度最高，相关内容也为公文写作人员最为需要。从日常管理的角度看，汇报类报告常常被称为“工作报告”。本节主要以笔者所在国有企业相关公文写作为例，向读者介绍这类工作报告的写作。

二、工作报告的分类

按内容可分为综合性报告和专题性报告两种类型。

1. 综合性报告

这是综合考量本地区或本单位全面工作或一个阶段多个方面的工作，经充分研究分析、谋划思考而写成的报告。它在内容上具有综合性、广泛性、指导性等特点，常常是一个机关、地区、单位或系统总体工作的体现，写作难度大、要求高、涉及面广。例如，各级政府均需在每年召开的当地人民代表大会会议和政治协商会议（俗称“两会”）向大会主席团、与会人大代表和政协委员作政府工作报告。在中央企业或国有企业每年召开的职工代表大会暨年度工作会上，企业负责人也要向大会作工作报告。

2. 专题性报告

一般是针对某项工作、某一专门问题、某一事件或某一活动，需要向上级反映工作情况或困难、请求支持或提出建议而写成的报告，在内容上具有具体性、专一性、指向性等特点。例如，贯彻落实上级重要会议或专题会议精神情况的报告，汇报工作、反映近阶段重点工作情况的报告，应急处置或事项调查的报告等。

三、工作报告的写作

综合性报告与专题性报告各有其鲜明特点。国有企业具代表性的综合性报告一般有年度工作报告、下级向上级全面工作汇报等；专题性报告一般如迎峰度夏电力保供情况报告、企业提质增效情况报告等。下面分别介绍综合性报告和专题性报告的写作技巧。

（一）综合性报告写法及范例

1. 以“四情五步法”写好综合性报告

综合性报告涉及本地区、本单位方方面面工作，需要全局性把握、关键性分析、系统性部署。写好综合性报告，可以参考“四情五步法”。

一是领悟“上情”把方向。上级既定决策部署经过全面总结、反复提炼、多次论证，具有全局性、普遍性和指导性，也是下级全面开展工作的原则方向。如果大方向错了，即使内容再精彩、框架再华丽，报告也不符合工作要求。要做好学习贯彻研究，准确理解和把握上级要求。

二是调研“下情”夯基础。要通过阅读文件、听取汇报、现场调研、开研讨会、个别谈话等多种形式，全面掌握和深入了解本单位所属各专业、各单位工作开展情况，特别是对一些涉及企业改革发展的重点工作，要“不是专业、胜似专业”。只有充分了解熟悉各方面实际工作情况，综合性报告才是有源之水、有根之木、有的放矢。

三是理清“内情”出思路。要充分结合“上下情”和本单位实际，总结工作的成绩与经验，认真查找存在的问题与不足，深入分析面临的机遇与挑战，研究工作的思路与重点，其中要特别注重“功夫在平常”，常态跟进记录、学习、梳理、提炼领导讲话要点，注重“同频共振”，把上级的决策部署与下级执行有机结合起来，把领导思路与全局工作有机结合起来，确保工作思路谋得准、抓得实、落得地、干得好。

四是交流“外情”开眼界。海纳百川、有容乃大。不管是政府还是国有企业研究工作者，都有同系统、同行业和跨系统、跨行业交流的必要。特别是在重大改革发展时期，要切实加强与兄弟单位的交流学习，学习好的经验和做法，大到改革发展战略问题、小到报告框架用词用语，以此开阔视野、拓宽思路、汲取智慧、共同进步。

以上“四情”主要是思路的谋划、理念的筹备，在具体的写作实践中还应走好以下“五步”:

一要搭结构、建框架。一般来说，政府工作报告主要分两大部分。第一部分为上一阶段工作完成情况回顾总结，以及存在的问题与不足；第二部分包含当前的形势分析与主题主线任务，以及各方面具体的工作部署。国有企业工作报告较政府工作报告略有不同，往往分三大部分，重点在于其中第二部分形势分析与任务单成一点，大致包括当前面临的形势、下阶段工作总体要求、主题主线任务等。

二要拟提纲、明重点。按照“纲目清晰、布局完备、思路贯通、逻辑严谨”的原则，根据领导班子的要求，充分结合“内情”“外情”要求，灵活运用“上情”“下情”素材，正确处理好点与面、一般与特殊的关系，既有“点”的铺陈，又有“面”的概括。精准起草报告提纲，合理编排各块内容，使汇报材料错落有致、张弛有度，避免空洞堆砌、泛泛而谈。

三要起初稿、定大体。按照既定提纲起草工作报告，工作总结部分应注重轻重缓急，数据要真、内容要实、专业要清、亮点要突出，要从以往工作中提炼出经验和不足。形势分析部分应注重有高度、有深度、有力度，体现上级的决策部署和本级的工作思路，体现本单位发展的大谋划、大举措、大目标。工作部署部分应注重精炼扎实，专业内容要准，工作措施要实，具体任务要明，确保各项工作扎实落地见效。

四要征意见、多打磨。工作报告涉及本单位、本地区半年、一年甚至更长一段时期的总体工作思路，必须反复审视、充分打磨。要多审视内容，充分征求领导班子特别是主要领导、各专业战线的意见，看思路是否明晰、观点是否正确、内容是否突出、材料是否真实。要多揣摩结构，再研究、再思考报告的逻辑是否严密、前后是否呼应、各方面是否有机统一。要多斟酌词句，逐字逐句推敲，看遣词造句是否准确，是否存在文字不顺、语句不通、标点不对等情况。

五要重回顾、再提升。工作大会召开后，对主要领导同志做报告时脱稿插话的内容，对各分管领导的讲话发言，对各专业、各单位的反馈讨论，包括在会后工作推进中是否出现困难、决策执行中是否出现偏差、部署落实是否存在问题，都要做实事求是、认真系统的分析和梳理，在后续报告起草中做好再提升、再进步，不断提高报告水平。

2. 综合性报告参考范例

以笔者所在单位年度工作报告为例，供读者参考。

【报告主题】

坚持改革创新驱动　引领清洁低碳发展

为建设 ×× 而努力奋斗

——在 ×× 职工代表大会暨 ×× 年工作会议上的报告

【报告第一部分】

一、×× 年工作回顾

首先提炼三方面最突出亮点工作：

我们厚积薄发、精准发力，收获了 ×× 点赞称好的无比荣光。……。

我们惠民助企、担当奉献，收获了 ×× 充分认可的靓丽高光。……。

我们迎难而上、稳进育开，收获了 ×× 答出高分的精彩闪光。……。

具体分六个方面总结上阶段工作：

一是服务大局有力有为。……。

二是电网发展创新提档。……。

三是安全生产平稳有序。……。

四是经营质效提升显著。……。

五是改革创新取得突破。……。

六是党的建设持续加强。……。

最后以一段话总结：

令人难忘的 ×× 年，……干出了精彩，呈现了出彩，赢得了喝彩。这是 ×× 正确领导的结果，是 ×× 大力支持的结果，是 ×× 勠力同心、拼搏奋斗的结果。在此，向所有 ×× 表示衷心的感谢！向全体 ×× 表示诚挚的感谢和崇高的敬意！

【报告第二部分】

二、形势与任务

首先是上级决策部署：

习近平总书记作出“2030 年碳达峰”“2060 年碳中和”的中国承诺，……。党的十九届五中全会宣示我国进入新发展阶段，……。国务院全新发布《新时代的中国能源发展》白皮书，……。

省委省政府提出……。上级公司提出……。

其次是自身发展定位与存在问题分析：

公司是一家具有标兵传统和创新基因的企业，改革创新、敢为人先是我们最鲜明的精神标识，……。同时，我们也要正视发展中不平衡不充分的问题：电网方面，……。管理方面，……。机制方面，……。队伍方面，……。

综观形势任务，提出总体思路：

公司 ×× 年发展的总体思路是：高举习近平新时代中国特色社会主义思想伟大旗帜，……。坚持“……”战略目标定位不动摇、“……”战略落地路径不动摇，以“……”为主题，以“……”为主线，深入打造……，争当……。

聚焦主题主线，引领高质量发展，必须坚定政治立场、坚持系统观念，着力做到“三个统筹好”，实现“三个有机统一”。一是统筹好政治、经济、社会“三大责任”，……。二是统筹好能源安全可靠、清洁低碳、经济高效“三重目标”，……。三是统筹好改革、发展、稳定“三项基本任务”，……。

最后提出下阶段总体工作谋划：

公司上下必须切实增强责任感、使命感，全面推进“三个引领、三个率先”，加快建设 ××。

（一）以 ×× 电网建设引领电网高质量发展，率先建设 ××

以大能源观为指引，科学谋划 ×× 电网引领碳达峰路线图。加强碳电协同顶层设计，……。丰富多元要素融合，……。建立实践组织体系，……。

全面推进 ×× 电网建设，支撑我省率先实现碳达峰。构建多元清洁能源供应体系，……。全面推进能源消费革命，……。强化能源装备技术和商业模式创新，……。加快体制机制突破，……。

坚持“碳达峰”目标导向，进一步确立 ×× 电网建设“两步走”目标。到 2023 年，……。到 2030 年，……。

（二）以改革创新引领公司高质量发展，率先建成 ××

筑牢高质量发展根基。夯实安全基础，……。夯实经营基础，……。夯实队伍基础，……。

提升可持续发展能力。深化开源开放，……。深化改革创新，……。深化数字转型，……。

服务构建新发展格局。坚决服务大局，……。创新服务机制，……。优化营商环境，……。

（三）以 ×× 精神引领公司党的建设，凝聚率先打造 ×× 的磅礴力量

加强党的全面领导，凝聚公司发展强大合力。加强党的建设，……。加强队伍建设，……。加强企业文化建设，……。

弘扬 ×× 精神，激发新时代奋进力量。弘扬首创精神，……。弘扬奋斗精神，……。弘扬奉献精神，……。

最后用一段话作为第二部分结尾：

站在 ×× 的 ×× 大地上，传承 ×× 有电 125 年来的优良传统，公司 ×× 万多名职工壮志满怀迈向新发展阶段，一定能够在引领能源清洁低碳发展，建设 ×× 的新征程中干出新的精彩、创造新的辉煌。

【报告第三部分】

三、×× 年重点工作

首先提出今年工作总的要求和主要工作目标（含数据指标）。

其次分七个方面部署具体工作：

（一）全力服务构建新发展格局

坚决落实上级决策部署，……。引领“碳达峰、碳中和”行动，……。积极服务创建营商环境最优省，……。

（二）坚决守牢安全生命线

深入开展专项整治三年行动，……。强化安全基础管理，……。确保大电网安全，……。提升设备安全水平，……。加强网络和信息安全，……。

（三）推动电网高质量发展

加强规划计划管理，……。高效建设 ×× 电网，……。抓好重点工程，……。打造一流配电网，……。

（四）强化经营管理

深入推进提质增效，……。持续提升服务质效，……。强化核心资源管控，……。严格风险防范，……。

（五）大力推进改革创新

纵深推进电力改革，……。深化体制机制变革，……。优化科技创新机制，……。打造重大创新成果，……。引领数字化转型发展，……。

（六）切实加强队伍建设

加强领导人员队伍建设，……。打造一流人才队伍，……。

（七）全面加强党的建设

隆重庆祝建党 ×× 周年，……。提升党建引领力，……。建设和谐企业，……。

结束前对干部提出要求：

一要讲政治顾大局，……。二要勇担当善作为，……。三要树新风重实干，……。四要重廉洁守底线，……。

【报告结尾】

各位 ××，奋进新时代、谱写新篇章，……。让我们……，以一往无前的奋斗姿态、乘风破浪的精神状态，阔步迈向引领能源清洁低碳发展，建设……的新征程，为……作出新的更大贡献。

【范例评析】

此报告出于保密需要，主要提供了框架内容，并隐去了一些标志性词汇、代表性内容。但从整体框架已可见一斑，对“上情”领会深刻，贯彻党中央、国务院和上级单位决策部署；对“下情”“内情”清楚到位，精准总结工作情况和存在的问题；“外情”的积累亦有体现。在起草过程中也遵循了“五步法”的方法原则。

（二）专题性报告写法及范例

1. 以“通、高、精、顺”四字诀写好专题性报告

专题性报告一般聚焦某一方面的情况，重点是成绩、做法、经验总结与下阶段计划等。常常是反映某项重要工作的阶段性成果或工作中出现的新情况、新问题，内容聚焦度高、针对性强。

写好专题性报告，可以把握“通、高、精、顺”四字诀。

“通”就是通情况。研究把握听汇报的人最关心什么、最重视什么、最想听什么，做到有的放矢。一般来讲，对主要领导多讲全局，对副职领导多说分管；向专业领导汇报时，应注重研究深度；向非专业领导汇报时，更注重通俗易懂。

“高”就是高站位。不谋全局者不足谋一域。报告要注重从大局出发，站在领导而且是主要领导的高度去思考问题，善于跳出问题看问题，透过现象看本质。通过认真深入的研究、分析、提炼、升华，观点鲜明、掷地有声，力求有思想、有见解、有高度，令人过耳不忘。

“精”就是精准度。报告要精准、精炼、精确，要紧扣重点要点，多讲真话实话，同时遣词造句要丝丝入扣。例如某重要工作专题性报告起草过程中，删改达到十余次，内容多次根据实际情况发展而调整，由厚到薄、由粗到精。

“顺”就是逻辑顺。专题性工作汇报往往篇幅有限，阅读要求简明扼要，要注意层次清晰，逻辑线条直白；结构简明，情节分类简单；过渡自然，便于理解弄懂。总体上主题鲜明，意图明显，迅速将工作情况呈报至上级。

2. 专题性报告参考范例

以笔者所在单位 ×× 项工作专题报告为例，供读者参考。

【报告标题】

关于全力打赢迎峰度夏电力保供攻坚战　支撑服务我省经济社会发展的报告

【报告正文】

（首先开篇全面概括报告内容）

面对今夏 ×× 严峻挑战，×× 公司深入贯彻……，有力保障……，实现……，为……作出

积极贡献。

一、迎峰度夏电力保供情况

（简要总结分析情况）

今夏全国……，我省电力迎峰度夏遭遇……，严峻挑战。从最高气温看，……。从最大负荷看，……。从最枯来水看，……。

公司……。一是全力强化政企紧密协作。……。二是全力推动供给侧应发尽发。……。三是全力促进负荷侧可调尽调，……。

此次迎峰度夏反映出我省电力发展存在以下问题：一是……。二是……。三是……。四是……。

二、全力保障今冬明春电力供应

今冬明春电力供应形势为……。

下阶段，公司将……。一是……。二是……。三是……。四是……。

为实现目标，恳请上级给予支持：一是……。二是……。

（最后结束语）

公司将深入贯彻……，以“时时放心心不下”的责任感紧迫感，全力做好电力保供工作，建好……，为……作出更大贡献！

【范例评析】

此专题性报告聚焦度高、汇报性强，从通情况看，对今夏电力迎峰度夏工作主要挑战和困难做了详细准确分析，对工作结果做了全面总结。从高站位看，报告始终立足于上级工作大局，从全局的角度看问题提建议。从精准度和逻辑顺看，整体框架清晰、逻辑直白流畅，各方面文字表达客观到位，清晰地表达了整体工作情况和诉求。

第四节　新闻发布会通稿

一、新闻发布会通稿的概念

新闻发布会通稿是指在新闻发布会上，用于准确、客观、全面介绍发布事件基本情况的信息通稿。

新闻发布会是政府、企业、社会团体或者公民为公布有关重大新闻而举办的，邀请电视台、报社、电台、杂志社、新闻网站等媒体所属的新闻记者和相关人员出席，发布消息、回答提问的一种特殊的会议形式。新闻发布会的主要内容有：解释和说明重大政策方针、法律法规，发布党务、政务信息；回应社会热点、痛点、难点、疑点问题；澄清误解、疑虑、歪曲、谣言；及时、客观发布突发事件信息等。

二、新闻发布会通稿的特点

1. 真实性

真实性是新闻发布会通稿的最基本的要求，也是最高要求。通稿要针对发布主题反映真实情况、真实态度，在记者提问前先发制人，引导话题。通稿内容的真实性直接影响到政府、企业、社会团体的形象，对于把握不准的事情，不能不懂装懂。

2. 准确性

新闻发布会通稿中的立场观点，应该与党和政府口径一致，不应夹杂个人情绪，可灵活表达，但不要偏离口径。通稿应字斟句酌，保证准确权威。任何数据、事例都应该详细查证，确切无误以后才能公布。撰写通稿不能临时抱佛脚，不要心存侥幸，不要主观臆测。

3. 简洁性

新闻发布会通稿不宜过长，应简洁明快，精当朴实，忌用太多的修饰语、官话、套话。切忌全文念稿，否则会显得冗长拖沓，味同嚼蜡。时长最好控制在 8 分钟以内。

4. 严密性

新闻发布会通稿要注意逻辑严密，条分缕析。通稿是否有清晰的表达层次和严密的逻辑推理，不仅是新闻发言人专业水准的重要体现，更直接关系到所发布主题能否有效地为受众理解和接受。

三、新闻发布会通稿的分类

从内容上看，新闻发布会通稿主要可以划分为以下四种类型：

1. 信息公布类发布

通报公众关心的，与社会、经济、文化、生活息息相关的一些重要信息，满足公众知情权。

2. 事件通报类发布

针对社会上广泛关注的一些新闻热点事件，由权威单位或部门对该事件进行系统通报，包括事件发生的细节、过程、处理程序和意见等。

3. 观点表态类发布

由权威单位或部门对一些已经发生和即将发生的重大新闻和信息的解读，以及权威人士的意见和看法等。

4. 产品、技术类发布

对最新产品、研究成果、发展战略或规划等进行公布。

四、新闻发布会通稿的写作格式

第一部分：事件基本情况（时间、地点、起因、经过、目前态势等）。
第二部分：表明态度（如果是负面事件，可放在第一部分）。
第三部分：事件责任分布和进展，突出行动。
第四部分：相关呼吁（专业的提醒，善意的感谢）。
第五部分：下一步工作举措。
从另一种角度来讲，也可以是标题→导语→事实→作为。

新闻发布会通稿的拟订要点如下：

1. 突出新闻性

要把新闻价值最大的部分在通稿开篇直截了当、充分地展示出来，不说套话。同时，辅之以一些技巧，使整个通稿牢牢抓住受众的注意力。例如：使用“刚刚得到消息……”“今天被证实……”等句式，用新闻的时效性吸引注意；使用“这是第一次向大家说明……”“我还要透露给各位一个消息……”等句式，用新闻的独特性吸引注意；使用“这项政策关系到每位市民……”“大家都非常关心的这项政策……”等句式，用新闻的接近性来吸引注意。

2. 篇幅简短

发布会通稿只是向记者说明基本事实，不是开会作报告。根据我国新闻发布活动总结的经验，新闻发布会通稿篇幅最好控制在 8 分钟以内，一般不超过 15 分钟。故通稿用语应尽量简洁、直接。一些特别想展开说的问题，可以在答问环节展开。

3. 适合口头表述

在初步拟定完发布会通稿后，可由发言人念几遍。这样做，可以让自己发现发布稿中存在的问题，便于修改；也可以大致估算时间是否符合要求；还可让自己更加熟悉稿件，在现场即可做到轻松自信自如，避免一直低头念稿的现象。

五、新闻发布会通稿编写范例

1. 新闻发布会主持词参考范例

女士们、先生们，新闻媒体界的朋友们：

大家好！

欢迎参加 ×× 新闻发布会。我是本次发布会的主持人 ××（单位及职务）××（姓名）。

××××××（交代发布会背景）。

为了向媒体和公众说明情况，今天我们邀请到 ××（单位及职务）××（姓名）……（依次介绍发布人），请他们向大家介绍有关情况，并回答提问。

下面先请 ×× 介绍 ××××× 有关情况。

……

下面进入媒体答问环节。有请记者朋友进行提问。请各位记者提问前，通报一下所在媒体的名称。

下面，请第 × 排第 × 位记者。

……

感谢各位记者的提问。由于时间关系，最后再接受两位记者的提问。

……

由于时间关系，我们今天的发布会到此结束。如果有记者朋友还想了解其他问题，可以在会后与我们进行联系。谢谢各位。

2. 信息公布类发布参考范例：某市创建国家食品安全示范城市

女士们、先生们，新闻媒体界的朋友们：

大家好！

很高兴通过今天的新闻发布会，向大家介绍 ×× 市创建国家食品安全示范城市工作有关情况。首先，我代表 ×× 市创建办、×× 市市场监督管理局，向媒体朋友们长期以来对食品安全工作的关心、关注与支持，表示衷心感谢！

创建国家食品安全示范城市是贯彻落实习近平总书记重要讲话、重要指示的重要举措，是新形势下全面加强食品安全治理的有力抓手。× 年 × 月，经省级推荐，国务院食安委将 ×× 市列为第四批国家食品安全示范城市创建城市。× 年 × 月，我市启动创建国家食品安全示范城市工作。在市委、市政府的高度重视和大力推动下，全市创建国家食品安全示范城市有条不紊、稳步推进，取得了实实在在的进展。

（介绍创建具体进展）

进展一：……

进展二：……

进展三：……

……

尽管前一阶段工作取得了一定成绩，但仍存在不少需要改进的问题。下一步，我市将围绕年底全面完成创建任务、明年接受省级初评和国家验收的创建总体要求，进一步强化责任落实，提升监管水平，全力以赴扩大宣传影响，增强创建合力，持续加强督促检查，不断提升创建质效，推动国家食品安全示范城市创建工作走深走实。

谢谢大家。

3. 事件通报类发布参考范例：未成年人误登铁塔导致触电坠落

女士们、先生们，新闻媒体界的朋友们：

大家好！

× 年 × 月 × 日 × 时许，×× 公园内，一名 × 岁少年在游玩过程中，攀爬高压铁塔致触电坠落，目前，该少年正在医院治疗。

据悉，事发时，该少年和另一名少年在双方家长陪同下到公园游乐玩耍，见孩子正常游玩，双方家长在旁顾自闲聊。游玩过程中，两少年见周围有一铁塔，便翻越铁塔四周 2 米高的封闭围栏，相约比赛攀爬铁塔。在爬至 × 米高处时，少年 × 某触电坠落，另一名少年立即停止攀登并进行呼救，由公园管理人员将受伤少年送至医院抢救。

事发后，政府应急办、公安局、安监局、教育局、供电公司和公园管理单位立即赶赴现场开展全面调查。据悉，坠落少年目前已经脱离生命危险。

相关部门通过媒体呼吁：擅自攀爬电力设施不仅违反《电力法》，而且危及生命安全，未成年人不具体完全民事能力，家长更要切实履行监护责任，加强安全教育，避免类似事件的再次发生。

谢谢大家。

4. 观点表态类发布参考范例：国家发展改革委回应芯片项目烂尾现象

女士们、先生们，新闻媒体界的朋友们：

大家好！

近年来，党中央、国务院高度重视集成电路产业发展，出台了一系列政策措施，支持和引导产业健康发展。在相关政策的支持推动下，我国集成电路产业发展势头向好，技术水平大幅提升，企业加速成长壮大。

但是，随着国内投资集成电路产业的热情不断高涨，一些没经验、没技术、没人才的“三无”企业投身集成电路行业，个别地方对集成电路发展的规律认识不够，盲目上项目，低水平重复建设风险显现，甚至有个别项目建设停滞、厂房空置，造成资源浪费。

国家发展改革委一直高度重视集成电路产业健康有序发展，将会同有关部门强化顶层设计，狠抓产业规划布局，努力维护产业发展秩序。

针对当前行业出现的乱象，下一步将重点做好 4 方面工作：

一是加强规划布局。按照“主体集中、区域集聚”的发展原则，加强对集成电路重大项目建设的服务和指导，有序引导和规范集成电路产业发展秩序，做好规划布局。引导行业加强自律，避免恶性竞争。

二是完善政策体系。抓紧出台配套措施，进一步优化集成电路产业发展环境，规范市场秩序，提升产业创新能力和发展质量，引导产业健康发展。

三是建立防范机制。建立“早梳理、早发现、早反馈、早处置”的长效工作机制，强化风险提示，加强与银行机构、投资基金等方面的沟通协调，降低集成电路重大项目投资风险。

四是压实各方责任。坚持企业和金融机构自主决策、自担责任，提高产业集中度。引导地方加强对重大项目建设的风险认识，按照“谁支持、谁负责”原则，对造成重大损失或引发重大风险的，予以通报问责。

谢谢大家。

5. 产品、技术类发布参考范例：某企业金融服务平台上线运行

女士们、先生们，新闻媒体界的朋友们：

大家好！

今年以来，在市委、市政府的正确领导下，××（企业名称）认真贯彻市委、市政府决策部署，聚焦经济高质量跨越式发展，精准把握国家金融政策，积极引导金融机构千方百计加大支持实体经济发展力度，深入推进××金融服务平台建设。

（介绍××金融服务平台建设举措）

一是领导高位推动。公司主要领导经常听取金融工作专题汇报，明确推动金融供给侧改革、疏通金融进入实体经济渠道等重点工作。……

二是强化服务实体。坚守金融服务实体经济本源，支持中小微企业转型发展。……

三是加大金融帮扶。持续强化金融帮扶工作，加大金融惠企力度。……

四是完善金融体系。大力推进金融综合服务平台建设，持续改善我市金融营商环境。……

下一步，我们将按照市委市政府相关工作部署，继续坚持以问题为导向、以需求为目标，用足各项金融政策、用好金融服务平台，不断做大金融规模、做强金融体系、做优金融服务，为促进我市经济社会高质量发展贡献更大的金融力量！

谢谢大家。

后　记

《企业常用公文写作——职场人的必修课》在大家的共同努力下，付梓出版了。希望本书的出版能有效助力企业员工职业能力的提升。

公文写作是一项规范性要求极高的严肃的工作，有规范的程序、规范的格式、规范的语言、严肃的文风。本书在编写过程中，力求在公文写作规范性方面做好示范与表率，严格按照2012年7月1日施行的《党政机关公文处理工作条例》《党政机关公文格式》进行表述，避免初学者因查找到的各种教程存在依据混乱、提法不一而无所适从的情况。

公文写作是一项需要在实践中积累提升的工作，写作能力的提升非一朝一夕的事，要经常写、坚持写，才能由量变到质变，“常看心中有底，常写笔下生花”，动手实践是公文写作水平提升之道。本书的编写人员都是在公文写作一线潜心耕耘、积累了丰富经验的人员，编写的过程中，不拘泥于常规教材的形式，以奉献写作者的经验为编写目标，拿出来的都是“干货”，对读者在写作过程中遇到的问题与困惑有解疑答难的作用。

本书编写过程中，得到了很多领导、师友和同事的支持。首先要感谢本书所有的写作者和赐稿者，是你们的专业积淀与辛勤付出才支撑起这部专业书籍；其次要感谢本书所有的建议者和参与讨论者，是你们的宝贵意见和建议促使本书不断地提升和优化；最后还要感谢本书的推动者和支持者，是你们的鼎力推动和大力支持使这本书在较短的时间内得以与读者见面。由于篇幅所限，不能一一列举所有名单，谨将本书各章节编写作者罗列如下：

第一章　第一节　刘艳珂

第一章　第二节　丁　静

第一章　第三节　雷　振　谢文潇　尹智斌

第二章　第一节　李题印　章　禹

第二章　第二节　程晓东

第二章　第三节　刘艳珂
第三章　第一节　董成明　楚霖松
第三章　第二节　吕　航　陈佳楠
第三章　第三节　袁雪元
第三章　第四节　张玮玮
第三章　第五节　黄　俊
第三章　第六节　童海洋
第三章　第七节　颜　诚
第三章　第八节　董成明　张盈哲
第三章　第九节　许璞轩
第三章　第十节　戚浩金
第三章　第十一节　胡敬奎
第三章　第十二节　陈秋萍
第三章　第十三节　龚　正
第三章　第十四节　郑思晗
第三章　第十五节　李　栋　杨　凯
第四章　第一节　刘艳珂
第四章　第二节　杨丹荔
第四章　第三节　吕　静
第四章　第四节　苏佳宁
第四章　第五节　苏佳宁
第四章　第六节　吴　奇
第四章　第七节　吴　奇
第五章　第一节　王建炜
第五章　第二节　王建炜
第五章　第三节　杨正道
第五章　第四节　崔　灿

在此，对以上各位作者在公文写作领域的潜心耕耘表示敬意，对他们在本书编写过程中的辛勤付出表示感谢！

《企业常用公文写作——职场人的必修课》编写组
2023 年 6 月